生活文化史選書

日本食の伝統文化とは何か

明日の日本食を語るために

橋本直樹　著

目次

はじめに　揺らぐ日本食の伝統

わが国には世界に誇れる日本食の伝統文化があったが、それが第二次大戦後に大きく変化して、失われようとしている。弥生時代から今日まで日本民族の主食であり続けた米飯は三食に一食がパン食に代わり、家庭の食卓には伝統的な和食の料理が少なくなって、和風、欧米風、そして中華風の料理が混じり合っている。日本独自の日本酒は人気がなくなり、外来のビールが多量に飲まれるようになった。

私たち、日本人の食生活がこのように激しく変わり始めたのは、戦後の高度経済成長のお蔭で収入が増えて肉料理や油料理を多く食べることができるようになってからである。しかし、このように洋風化した豊かな食事を続けるには国内で生産できる食料だけでは足りず、海外から多量の農産物を輸入しなくてはならない。

それにもかかわらず、私たちは節度のない飽食を続け、食べ残し、使い残しをするなど食料の無駄遣いをしている。家庭での食事作りは便利な加工食品を使って簡単に済ますようになり、家族と一緒に同じものを食べないでバラバラに食べる個食、親とは別に子供だけで食べる子食が増えている。外食をしたり、持ち帰りの弁当や総菜を利用する中食が日常のこととなり、各地の郷土料理や季節ごとの行事食が失われていく。かつて同じものを一緒に食べることが家族をつなぐ絆であり、地域社会を結ぶ連帯であったことを忘れかけているのである。

縄文、弥生の昔から、私たち日本人はこの国で採れる食料を大切にして暮らしてきた。高温多雨の国土によく生育する米を中心にして、季節ごとの新鮮な魚介類や野菜を生かした料理を作り、自然の恵みに感謝して「いただきます」と、家族や仲間と一緒に食べるのが日本の食の伝統であった。地域ごとに郷土料理、季節ごとに行事食を楽しんでいた。米飯を主食にし、魚介類、大豆、野菜を多く食べる日本食は栄養学的にも理想的な健康食だと世界から賞賛されていたのである。

ところが近年、日本食の洋風化が急激に進み過ぎて、米飯や魚、野菜を食べる和食の人気がなくなった。このままでは伝統的な和食文化が消えかねないと心配して、政府は「和食・日本人の伝統的な食文化」を世界無形文化遺産としてユネスコに登録申請している。伝統的な和食の文化は今やこのような手段で守り、残して行かねばならぬほどに揺らいでいる。

今こそ、私たちは弥生時代から二千年の歳月をかけて築いてきた日本独自の食文化を見直して、その良いところを「現在と未来の食生活」に生かすことを考えてはどうだろう。そのためには、「日本食の伝統とは何であるのか」を歴史から学ぶことを始めなければならない。歴史を学ぶことは、過去と現在のキャッチボールをすることによって、未来を洞察することであると言う。伝統とは過去の事象の蓄積ではあるが、少しずつ更新されて未来へ進む踏み石になるものである。

私たちの先祖の知恵と努力の結晶である和食を知ることなくして、現在の、そして近未来の食の在り方を語ることはできない。日本人が守り続けてきた日本食の伝統を現在の食生活に投影してみれば、「私たちの食生活はこれでよいのか、将来の食生活はどのようにするべきか」が見えてくるのである。本書が毎日の食生活を見直し、明日の日本の食を真剣に考えていただく参考になるならばうれしい。

第一章　日本食の夜明け前

一　日本食はどのように発達してきたのか

日本の伝統食である「和食」が究極の健康食、長寿食として、最近見直され始めた。和食とは戦前まで私たちが食べ続けてきた日本食である。米飯を主食にして、日本列島の豊かな自然が恵んでくれる魚介類、大豆、野菜、海藻などをバランスよく食べる和食は、動物性脂肪が少ないのでヘルシーであると欧米からも注目されている。

そこで、昨年、この「和食」を世界無形文化遺産としてユネスコに登録申請することになった。世界に誇ることのできる伝統的な和食の文化を守り、後世にまで伝承していこうというのであるが、登録申請に際しては「和食とはどのようなものか」を詳しく説明する必要があった。

私たちがイメージする現代の和食とは、高級料亭で提供される贅沢な会席料理を別格とすれば、食堂や小料理屋で食べる刺身定食や焼魚定食などであろう。ところがこのような、米飯にお刺身か焼き魚、人参、牛蒡、里芋などの煮物、ほうれん草や小松菜のお浸し、それに味噌汁とお新香がつく一汁三菜の食事を日常に食べるようになったのは江戸時代のことであって、それほど古いことではない。現代人が好きな握り鮨、てんぷら、鰻の蒲焼、おでん、それに、うどん、そば、そうめんなどを食べるようになったのも江戸時代である。和食の味付けに欠かすことができない味噌、醤油、酢、味醂などの調味料、出汁を採る昆布、鰹節、干し椎茸などが普及したのもそうである。

とすると、それ以前の日本人はどのような食事をしていたのであろうか。縄文、弥生の時代から奈良、平安、鎌倉、室町、安土桃山時代を経て江戸時代にいたるまで、私たちの先祖は隣国の中国、朝鮮と絶えず交流して先進の文化、文物を移入し、世界に誇ることのできる独自の日本文化を築いてきたのであるが、食生活においても例外ではない。稲、麦、粟、大豆など主食にする穀物、数多くの野菜、根菜、それに豆腐や納豆、酒、酢、味噌、醤油などの発酵調味料、さらにはこれらを上手に使いこなす調理法など、どれをとっても源流は中国大陸にあるのである。そして、これら海外から渡来してきた食材や食習慣を取捨選択して吸収し、我が国の風土と国民性に合うように変容させて「日本人の和食」を作り上げるまでには二千年にも及ぶ食の遍歴を要したのであった。

ところが、こうして完成した和食ではあるが、当時の和食は米飯が中心で動物性食材が少なく、栄養バランスが悪かったので、日本人の体格は江戸時代にもっとも貧弱になっていた。それで、近代国家の建設を目指した明治政府は、国民の体位向上、健康増進のために、奈良朝以来タブーとしてきた肉食を解禁して西洋料理を食べるように奨励した。それに応じて登場したのが牛鍋（後のすき焼き）、カレーライス、コロッケ、トンカツなど米飯に合うようにアレンジした洋食である。さらに、第二次大戦後には肉料理、油料理、乳製品の多い欧米風の食事を積極的に摂るようにする栄養改善が行われた。その結果、日本人の食事は急速に洋風化して栄養バランスが改善され、国民の体位が向上し平均寿命が延びて世界有数の長寿国になったのである。

しかし、このような家庭の食事の洋風化、中華風化は過度に進み過ぎて、それまでの日本の伝統的な食文化を根底から揺るがし、和食は人気がなくなってしまった。ことに最近の三十年を振り返ってみると、米の消費量が急激に減少して動物性脂肪の摂り過ぎが目立つようになり、そのため中高年者に肥満が増えて生活習慣病が蔓延している。国民の健康維持のためには、脂肪の多い欧米風料理をセーブして、米飯、魚、野菜中心のヘルシーな和食を復活させることが望ましい。

私たちの先祖は高温、多雨の国土によく育つお米と多くの野菜、国土を取り巻く豊かな漁場で獲れる魚介類を食べる食生活をしてきた。季節ごとに獲れる新鮮な魚介や野菜、果実、海藻、山菜や茸を大切にして、美しい自然に寄り添って暮らしてきた日本人が育てた和食は、自然にも、体にも、そして心にもやさしい理想食だったのである。

現在、国民が必要とする食料が国内で自給するだけでは足りないことは誰でも知っている。肉料理、油料理が増え、三度に一度はパン食をするから、製パン用の小麦、畜産飼料にするトウモロコシ、食用油を絞る大豆などを大量に輸入しなくてはならなくなり、必要な食料の半分以上を輸入農産物や畜産物に頼って暮らしているのである。国内の農家は安い輸入農産物に押されて生産意欲を失い、農業を継続することすら危くなっている。日本の農業を復活させて国民の食料を少しでも多く確保するためにも、国内で生産できる米、魚介類、野菜などを多く食べる和食を大切にしなければならない。

そこで本書では、縄文、弥生の昔から二千年の歳月をかけて世界に誇ることができる和食を作り上げてきた日本人の知恵と工夫を学び、さらにはその和食を近代化した明治以降の歩みを辿ってみることにした。

二　狩猟、採取と漁労で豊かに暮らした縄文人

日本人の先祖である縄文人、弥生人はどのような食生活をしていたのであろうか。そこには民族の伝統食である和食の源流らしきものがきっと見つかるに違いない。

日本列島に人類が現れたのは約三万年前と考えられている。その頃はまだ氷河期であったので海水面が今よりずっと低く、宗谷海峡も対馬海峡も陸地同然になっていた。彼ら旧石器人は、獲物を求めてシベリアから北海道に、あるいは朝鮮半島から浅い海峡を渡って九州に移動してきたらしい。彼らの生活遺跡からは調理に用いたとみられる焼けた礫、焚火の痕跡である焼け土、大型獣の骨が見つかっている。おそらく、剥離石器を槍先につけた投げ槍でマンモス、ナウマンゾウ、ヘラジカ、オオツノシカなどを狩り、包丁代わりの石器で肉を切り分け、焚火で焼くか炙るなどして食べていたと考えられる。

火を使う調理がすでに始まっていたのである。食べ物に火を加えれば、柔らかく、食べやすくなり、おいしくもなる。栄養成分が消化、吸収されやすくなるのである。動物も木の実の皮を剝いたり、貝の殻を割ったりはするが、火や道具を使うことはない。火と道具を使って食べ物を処理する、つまり調理することは人間だけができることであり、食の文化の始まりなのである。

やがて約一万年前に最後の氷河期が終わると、気候が急速に温暖になり日本列島の地形と生態系は大きく変化する。まず、海面が大きく上昇したので、海が陸地に複雑に入り込む地形になった。寒冷な気候で生育していた針葉樹林は後退し、それまで九州南部や奄美諸島などの暖地に生えていたアカガシやシイなどの常

緑照葉樹林が西日本にまで北上し、東日本にも温暖性のブナ、ナラ、クヌギ、カシワなどの落葉広葉樹が繁茂するようになった。草原が森林に変わるとナウマンゾウやオオツノシカなどの大型獣は絶滅し、ニホンシカやイノシシが現れた。

この時代に登場した縄文人は照葉樹林、広葉樹林に豊富なドングリ、クリ、クルミ、トチ、シイなどの木の実、山草、茸を採取し、シカ、イノシシ、ウサギなどの小動物、キジ、ヤマドリ、カモ、ハト、ウズラなどの野鳥を弓矢で捕獲して食料にしていた。複雑に入り組んだ内湾や河川ではサケ、マス、タイ、スズキ、アジ、イワシ、フナ、コイ、などの魚、ハマグリ、アサリ、アワビ、カキ、サザエ、シジミ、タニシなどの貝が豊富に採れた。魚は釣るか、網を使って捕えた。海岸ではウニ、ナマコなど磯の生物、ワカメ、アラメ、ホンダワラなどの海藻が拾えた。多量に手に入れた木の実や魚介類を天日干しにして貯えておき、食べ物の少ない季節に備えることもあったらしい。各地に残っている貝塚遺跡に捨てられている魚の骨、貝殻、木の実の殻などから推定すると、当時の日本列島は自然の恵みの宝庫であったらしい。

縄文人の食生活で起きた革命的な進歩は石器のほかに土器を使用したことである。方形平底の土器には木の実などを保存することができ、尖形底の深鉢に水を入れて火にかければ肉や貝を煮炊きすることができる。ニワトコやヤマブドウの実を潰して貯えておけば醗酵して酒になったであろう。縄文人が残した食物遺物を調査した報告によると、彼らは栄養の半分ほどをドングリ、トチなどの実から摂り、残りを魚介類、少量を鳥獣肉から摂っていたらしい。広葉樹の堅果はカロリーが百グラム当たり二百五十キロカロリーもある優れた食べ物であった。五千五百年前の集落跡である青森市の三内丸山遺跡にはクリの木を栽培していた形跡がある。縄文人骨の形態や炭素、窒素同位体分析から推定すると、縄文人の体格と栄養状態は私たちが考えるよりは良い状態であったらしいが、食べ物が足りず飢餓になることもあったので平均寿命は三十歳ぐらいであったらしい。

　家族が暮らす住居は地面を掘り下げて冬の寒さを防ぎ、中央に柱を立て萱で屋根を葺いた竪穴式住居であり、土間に炉を組んで煮炊きをした。このような住居が数十棟、共用の建物と墓を囲んで環状に配置された環状集落が集団社会（ムラ）の始まりである。

　狩猟、採取と漁労に頼って定住生活をした縄文時代は約一万年続いたのであるが、最後まで農耕らしい農耕は行われることがなかった。このことは世界の食文化史上、極めて珍しいことである。日本列島においては複雑な地形と豊かな生態系がもたらす自然の恵みが人々の暮らしを支えるのに十分であったために、農耕は必要でなかったらしい。

　しかし、縄文人の恵まれた食生活がいつまでも続くことはなかった。紀元前数百年、縄文晩期には気候が徐々に寒くなって植物の生態が変わり、山野で採取できる食料が少なくなったのであろう。そのため、人口が減少して集落の規模はにわかに小さくなっていく。世界のどの地域でも農耕を行うことによって食料を安定して確保できるようにしなければ文明は興らないのであり、我が国では稲作農耕が普及する弥生時代がその時期にあたる。

三　稲作を始めた弥生人の食生活

今から二千数百年前、それまでのように狩猟、採取に頼っていては食料が不足し始めた頃、タイミングよく中国大陸から稲作の技術を携えて、多数の渡来人が移住してきたのである。稲は高温で雨の多い日本の気候に適した作物であったから、水田稲作は数百年のうちに全国に広がり、多量に収穫できる米が日本人の主食になったのである。伝来した稲の原生地は中国大陸、長江の中、下流域であり、そこでは七千年前から水田稲作が行われていた。この水田稲作の技術が山東半島から朝鮮半島西海岸を経て、あるいは山東半島から遼東半島、朝鮮半島を経由して、我が国の九州に伝えられたと考えられている。

日本で最も古い灌漑水田跡は紀元前五世紀、約二千五百年前の福岡市板付遺跡、野多目遺跡であり、鋤、鍬などの木製農具、穂摘みをする石包丁などが出土している。そこには四アール規模の長方形の水田がいくつも広がっていて、田植えをしていたらしい形跡も残っている。九州北部で始まった灌漑稲作はその後どのように東北にまで伝えられたのであろうか。二、三百年後の弥生前期には中国、近畿地方に広大な水田が作られるようになるが、台地が多くて灌漑しにくい関東、東北地方で稲作が行われるのは、紀元後の弥生中期から後期であったと考えられる。この頃の水田跡が青森県の砂沢遺跡や垂柳遺跡で発見されているので、水田稲作が九州から本州北端にまで伝わるには約五百年を要したと考えられる。

稲は収量の良い作物であり、当時でも一粒播けば百粒ぐらいが稔り、反当たり百キロ弱の米が収穫できたらしく、しかも毎年、同じ田に連作しても収量が減少することがない。栄養価に富み、貯蔵性もよく、美味である。品種改良が進んだ現在であれば、一株から二千粒ほど収穫できるから飯にすれば茶碗半杯になる。稲という優れた穀物を得たことにより、わが国は僅か数百年のうちに狩猟、採取に頼る縄文時代から農耕をする弥生時代に移行して古代文明社会を築くことができた。狩猟、採取だけでは食料が不足し始めていた縄文末期の人口は八万人弱であったが、農耕を始めて食料が豊かになると六十万人程度に急増している。同じ頃、西ヨーロッパで栽培していた小麦は一粒を播いて三粒ほどしか収穫できなかったから、人口密度は日本に比べてずっと少なかったのである。世界のいずれの地域でも、農耕によって穀物が安定して収穫できるようになると、ようやく生活に余裕ができて人口が増え、古代王国が出現するのである。

アジアの稲は主にジャポニカ種とインディカ種であるが、日本に伝えられたのは米粒に丸みがあり、炊くと粘りと甘みが強くなる温帯ジャポニカ種である。刈り取った稲穂はそのまま袋や壺に入れて穴倉か高床式倉庫に貯蔵しておき、木臼と竪杵を使って脱穀した。その米を土器を使って水気の多い汁粥か、少なめの固粥に煮て食べていたらしい。次の古墳時代になると土器の鉢底に穴をあけ布を敷いて洗った米を入れ、水を入れた甕に重ね、火にかけて蒸す甑《こしき》（現在の蒸籠《せいろう》）が中国から伝わってきたので、蒸した強飯《こわいい》を食べるようになった。当時栽培されていた赤米を蒸せば現在の「おこわ」、「赤飯」になったであろう。

硬い強飯に代わって柔らかい姫飯《ひめいい》を食べ始めたのは平安時代末期らしいが、現在の「ご飯」に相当する姫飯が広く普及するのは、今から五百年ほど昔の室町時代からである。その頃から糯米に代わって粘りの少ない「うるち米」の栽培が広まったが、うるち米は蒸しても柔らかくならないので、鉄釜を使って高熱で水分がなくなるまで炊き上げる姫飯にして食べるようになったのである。

わが国は豊蘆原瑞穂国《とよあしはらみずほのくに》と呼ばれ、日本人は米食民族だと言われているが、実は古代からずっと米だけを常食できていたわけではない。大部分が温帯モンスーン地帯に属する日本列島は稲作に適してはいるが、山地が多く水田にできる平地が少ないので収穫できる米は限られていたからである。静岡県登呂の弥生遺跡でも水田の面積は狭く、収穫できた米は住民が必要とする半分もなかったと推定されている。

それでは、弥生人は米のほかに何を食べていたのであろうか。全国の弥生遺跡から出土する食物の遺物を調べてみると、最も多いのは米ではなくドングリである。次いでイネ、モモ、マメ、ヒョウタン、クルミ、クリ、ムギ、タデ、マクワウリ、トチ、ブドウの順になる。米だけでは足りないので、縄文時代と同じようにドングリ、クリ、クルミ、トチなどの木の実を多く利用し、そのほかに、ウリ、ダイズ、ササゲマメ、オオムギ、ソバ、モモなどを栽培していたと考えてよい。アワ、ソバ、ウリなどは縄文時代に中国大陸から、サトイモ、ヤマイモなどは東南アジア諸島から季節風、海流、渡り鳥、あるいは人の手によって伝来し、オオムギ、アズキ、ダイズ、ササゲマメなどは弥生時代に朝鮮半島から伝わってきたらしい。

漁労も盛んに行われ、外洋では舟、網を使ってクロダイ、マダイ、ボラ、スズキ、フグ、イイダコなどを捕り、水田や小川ではアユ、コイ、フナ、ナマズなどを網や筌で捕えていた。シカやイノシシなどを狩ることも続けていた。しかし、人口が増えても木の実の採取量や魚の漁獲量は増えるわけではないので、食料は次第に水稲栽培に頼らざるを得なくなっていく。

四　稲作が普及して大和王国が興る

人類が狩猟、採取の生活を止めて、定住生活をして原始的な農耕を始めるのは世界のどの地域でも紀元前七千年頃と考えられている。そして、紀元前四千年頃になると、野原を開墾し、水路を掘って川の水を灌漑して穀物を栽培する本格的な農耕が始まる。メソポタミアやエジプトではオオムギやコムギ、インドと中国南部ではイネ、中国北部ではキビやアワが栽培された。多量に収穫できる穀物を貯蔵しておけば一年中の食料にできるから、食べ物を探す心配がなくなる。それによって生活に余裕ができるから人口が増えて大集落が出現し、やがてクニになり、そこを支配する王と豪族、神官、農民、奴隷などの社会階層が分かれて古代王国が誕生するのである。

古代の文明はどこでも大河の流域で農耕を始めることから起こった。そこには洪水で上流から運ばれてくる肥えた土壌が堆積していて、水の便もよく、穀物がよく栽培できたからである。西アジアではチグリス川とユーフラテス川に囲まれた三日月地帯に紀元前三千五百年頃メソポタミア文明が興り、少し遅れてアフリカのナイル川流域にエジプト文明が生まれた。紀元前二千五百年頃にはインドのインダス河流域にインダス文明が興った。中国の黄河や長江の中流に古代文明が始まったのは紀元前四千年頃である。

世界の四大文明がいっせいに興った紀元前四千年頃、わが国ではまだ縄文時代であり、狩猟、採取と漁労の生活が続いていた。ようやく紀元前数百年になって、中国大陸から水田稲作が伝来して農耕生活が始まり、食料の心配がなくなると人口が増え、集落が大きくなって、各地に豪族が支配するクニが分立するようになった。そして、紀元四世紀に西日本、畿内のクニを統合して大和王権という古代国家が成立したのである。食料の確保が人間個人の生存に欠かせないことは言うまでもないが、人間の集団社会の成立にも欠かせぬことなのである。古代においては「食べることの社会的役割」が現代よりもはるかに大きかったと言ってよい。

弥生初期の人骨は縄文人のがっしりとした短躯で丸顔の人骨に近いが、弥生中期の遺跡から出る人骨は身長が高く、面長で鼻が狭くのっぺりとした顔で、朝鮮半島の現代人のそれに近い。弥生時代に大陸から海を越えて多数の渡来人が九州北部に移住してきて、水田稲作や青銅器鋳造などの新しい技術を伝えた。この渡来人の集団は先住の縄文人の集団を駆逐し、あるいは地域を住み分けて暮らしていたわけではない。数世紀にわたり波状的に移住してきた北方系の渡来人は先住民である南方系の縄文人と混血し、原日本人として弥生時代と呼ばれる農耕社会を形成したのである。

弥生人の集落は周囲に濠をめぐらした環濠集落である。竪穴住居が環状に並び、中央部に食料の貯蔵庫らしい高床式建物があり、外敵の侵入を防ぐために周囲に環濠を設けている。弥生前期の環濠集落は直径百メートル余りで、竪穴住居が数棟並ぶ程度の小さいものであったが、弥生中期には佐賀県の吉野ケ里遺跡のように、多数の竪穴住居を環濠が取り囲む二十ヘクタール規模になり、五千人が暮らす巨大な集落になる。これらの集落は二重の濠で囲み、土を積み上げた防砦や物見櫓などを設けて外敵の侵入に備えていた。集落の指導者は首長として、「クニ」と呼ばれる古代王国を統治するようになった。

こうして、九州北部を中心にして数十の「クニ」が分立する「邪馬台国の時代」になる。紀元一世紀頃の中国の歴史書「漢書」には「楽浪（北朝鮮）の海中に倭人（日本人）あり、分かれて百余国と為す」とあり、紀元三世紀に書かれた「魏志倭人伝」には「倭国には五十九カ国があり、そのうち邪馬台国は七万余戸、投馬国は五万戸である」と記述されている。

四世紀になると畿内の有力な「クニ」を連携、統合して中央集権的性格をもつ古代国家、大和王権が誕生する。四世紀から七世紀まで続く大和王権の時代は巨大な前方後円型古墳が相次いで作られたので古墳時代とも呼ばれている。青銅の剣や矛、鏡を鋳造する技術が大陸から伝えられ、近畿地方では大型の装飾銅鐸が多数製作されて悪霊を払い豊作を祈る祭りの祭具に使われた。また、鉄製の剣、鏃、鉄斧も朝鮮半島から伝えられた。大陸から運んできた牛馬を使い、鉄製の鋤、鍬、鎌を使って農作業が大規模に行われ、農閑期には、灌漑水路や新田の開墾、宮殿や巨大墳丘墓の造営が行われたに違いない。

古墳時代になると稲作の規模が大きくなり、多量に収穫できる米は「クニ」の統率者によって集中的に管理されるようになる。米をクニの収入にする社会構造が生まれたのである。稲作を本格的に行うようになった古墳時代の人口は約五百四十万人と推定され、狩猟、採取の縄文時代に比べて数十倍に増えている。水田稲作によって食料の安定した生産体制を整えたことが古代の「クニ」づくりの基になったのである。

邪馬台国の跡地、そうでなければ大和王権の発祥地だと推定されている奈良盆地の纏向遺跡は二世紀末には一キロメートル四方、四世紀初めには二キロメートル四方にも広がっていたと推定される大規模な集落遺跡であり、中央部には宮殿らしい大きな建物の跡があり、周辺には巨大な前方後円型古墳がいくつも残っている。

五　邪馬台国の卑弥呼女王の食事

古代史随一の知名人、邪馬台国の卑弥呼女王はどんな食事をしていたのであろうか。古代食の研究家、廣野卓氏は纏向遺跡から出土した魚や動物の骨、植物種子などを参考にして、卑弥呼が食べていたであろう食事を復元している。紹介してみると、主食は米、粟を甑で蒸した強飯、鳥肉や魚肉、菜などを混ぜた汁粥など、副食は魚介の鱠《なます》や塩焼、干物、ワカメやアラメなど海藻の熱汁、ダイコン、カブラ、フキ、ノビルなどの塩茹でや塩漬け、茹でたサトイモ、モモ、カキ、ウメ、スモモ、マクワウリなどの果物、クリ、トチ、カヤなどの木の実、それと口噛み酒、あるいは果実酒である。

食材は多彩だが、調理はいたってシンプルなものである。当時、紀元三世紀頃の日本の習俗を伝える中国の歴史書、「魏志倭人伝」には「倭の地は温暖にして冬夏生菜を食う」「食飲には高杯を用いて手食す」とあるから、民衆は魚の鱠や生野菜を盆に盛り、手づかみで食べていたらしい。まだ料理法が発達していなかったからではあるが、なるべく調理に余計な手間をかけないで食材の新鮮な持ち味を生かす和食の起源がここにあると考えられなくもない。

狩猟、採取の縄文時代には木の実や鳥獣、魚介を区別することなく、その時々に手に入れたものを食べる「雑食」であったが、農耕が普及してからは米、粟などを主食にして、鳥獣肉、魚介類や海藻、野菜、山菜を塩を嘗めながら食べる「主食、副食」の区別が生まれて、これが日本食の基本となった。主食とはその地域で最も多く収穫できる食料であり、栄養の大半を摂ることができる食物のことである。世界的にみれば、米、麦、トウモロコシなどの穀物がそれであり、日本では米である。食べられるものと食べ物とは同じではない。毛虫や甲虫は食べて食べられなくはないが、文明国では食べ物ではない。食べられるものの中から、栄養があるもの、おいしいものを「食べ物」として選び出すのが食文化の始まりなのである。

この時代の農作業は村落全体での共同作業であり、また、外敵が侵入してくれば部落民全員が協力して防がなければならない。そこで、収穫した作物は村落の全員で分かち合い、酒を飲み交わして団結することが必要になる。古代の王国では、仲間と一緒に飲食することは部族の連帯感を高める大切な祭りごとであった。支配層と被支配層がまだ十分に分化していないから、集落の全員が同じものを食べて収穫を喜び、戦勝を祝ったのである。

そして、大雨や台風などの自然災害に遭うことなく、無事に豊作を迎えられるように超能力を持つ自然の神を祭る祭祀が行われた。邪馬台国の女王卑弥呼は、祭祀の巫術を行う司祭者、シャーマンでもあったらしい。神前に米と酒を供え祝詞を唱えて神の加護を願う神事が済むと、神酒と供物のお下がりを全員が分け合って飲み食いする饗宴（直会《なおらい》）を行う。神のご守護を頂くために神様と人とが一緒に飲食する「神人共食」と言われる行事である。各地の神社に伝わる古式神饌はいつの頃のものと時代を確定することは難しいが、米飯に酒と山海の産物を添えた古代の食事をそのままに伝えている。

この時代になると食料の貯蔵や調理に使う土器は大陸伝来の轆轤《ろくろ》で成形し、窯を築いて還元炎で硬く焼きしめた灰青色の須恵器に代わった。壺、甕に食料を蓄え、高杯（一本脚の食台）に食物を盛り、須恵器の鉢、皿と木鉢、木皿、匙を使って食事をした。ピンセット状に折り曲げた儀式用の箸は使っていたらしいが、現在使っている二本組の箸はまだ中国大陸から伝来していないから手掴みで食べることが多かったであろう。

住居の大部分は弥生時代と同じような竪穴住居であったが、土間の中央に設けた炉で煮炊きをすることを止めて、土間の隅に炊事用の竈を築いて鍋、釜、甑を使って炊事をするようになった。

大陸から稲作技術とともに伝えられた酒造りの技術を使って米を原料として酒を造ることが始まった。麹カビを生やした蒸米（米麹）を使って米を糖化して醗酵させるのである。古事記によると四世紀、応神天皇の時、百済から来た須須許理《すすこり》が美酒を醸造して献上したとあるから、酒造りの技術が大陸伝来であったことが分かる。酢を米麹から作る方法も酒造りの技術と同時に伝来してきたと考えてよい。

食生活に欠かすことのできない塩作りは縄文時代から始まっていたと考えられる。海水を土器の甕に入れて煮詰めていたらしいが、弥生時代になると海水を海藻に掛けて乾かすことを繰り返して濃縮し、その塩分を洗い出して煮詰めるか、あるいは海藻を焼いた灰を水に溶かし煮詰めて塩を採る「藻塩焼き」が始まり、奈良時代まで続いた。日本には岩塩が産出しないので、塩はすべて海水から採らなくてはならなかったのである。

作った塩は穀物や魚から醬《ひしお》と呼ばれる調味料を作るのに使われた。米、麦、豆などを塩漬けにして醗酵させた穀醬は後代に味噌、醤油になるもので、鳥獣の肉に塩を加えて醗酵させた肉醬は魚醬や塩辛の類であり、野菜、果実、海藻などを塩漬けにした草醬は漬物の原型である。漁労は生業として盛んに行われるようになり、大量に獲れたアジ、サバ、イワシなどは塩漬けにするか、あるいは干して保存していた。魚は生のまま鱠にして、あるいは、焼き、または茹でて、塩、酢、醬を付けて食べていたのである。

六　酒盛りは国を治めるのに必要だった

日本人が酒を飲むことを覚えたのはまだ狩猟や採取に頼る生活をしていた一万年ぐらい昔のことであろう。果物の汁や蜂蜜などが自然に発酵しているのを発見した縄文人は、ぷくぷくと泡立ち、良い匂いのするその汁をおっかなびっくり味わってみて不思議な気持ちになった。アルコールの働きで心が高揚する「酔い」を経験した彼らは直ぐに真似をして酒を作ってみたであろう。ヤマブドウの実などを集め、踏み潰して壺に蓄えておけば果皮についていた酵母の働きで果汁が発酵して酒になることを覚えたのである。縄文時代の三内丸山遺跡から発見された大量のニワトコ、サルナシ、キイチゴ、ヤマブドウの種子は果実酒作りが行われていた証拠だと考えられている。

紀元前数世紀になって水稲の栽培が普及すると、食料の心配がなくなり人口が増えて大集落が出現し、クニが誕生する。人口が増えると飲む酒も多量に必要になり、拾い集めてきた果実や蜂蜜から酒を作るだけでは足りなくなり、豊富に収穫できる米を使って大量の酒を作ることが始まるのである。しかし、生米を口で噛み砕いて唾液で糖化し、それを集めて発酵させる口噛み酒は少量しか作れない。麹を使う本格的な酒造りの技術は大陸から伝来したものであろう。和銅六年（七一三）に編集された播磨国風土記には「神様に供えた強飯が濡れてカビが生えたので酒を醸した」とあるので、蒸米に麹カビを生やした散麹を混ぜて酒を作ったと考えてよい。

古代の人々は酒をどのように飲んでいたのであろうか。酒を飲めば気持ちが高ぶり、日常とは次元の違う酩酊状態になるが、古代人は酒は神からの授かりものであり、神の力で酩酊するのだと考えていた。古代の農耕生活は台風、洪水、旱魃など自然の脅威に絶えず脅かされていたから、自然の現象を支配して豊かな稔りを授けてくれる超自然的存在、つまり神への畏敬の念が生まれる。人々は神に酒を捧げ、そのお下がりを飲んで心を高ぶらせ神のお指図を訊こうとした。酒を飲むことで非日常の心理状態になり、神と一体になれると信じたのである。

村人たちは酒を飲みかわして収穫を祝い、また戦勝を喜び合って、仲間の結束を強めた。祭りはまず酒を作ることから始まり、できた酒を神前に供えて祈り、そのお下がりを村人全員が飲んで踊るのである。古代の酒は、神の霊力を分けてもらうために、そして部族の結束を固めるために、村人が一緒に飲むものであり、独りで飲むものではなかった。紀元三世紀頃、弥生時代末期の日本人の生活を知ることができる貴重な資料である中国の「魏志倭人伝」には、「其の会同は、座起に父子、男女の別なく、人の性　酒を嗜む」と書かれているから、事あるごとに村人が集まって酒盛りをしていたらしい。

七世紀に入り、大和王権が律令国家に移行する頃になると、酒の醸造は官営となり、多量の酒が朝廷の祭祀儀式や節会の祝宴に使われるようになった。平城宮には宮内省が管轄する造酒司《みきのつかさ》が置かれ、酒部という官人が大人数で宮中の祭祀に使う酒造りに従事していた。平安京の造酒司では年間に六百二十四石、四十五キロリットルの酒が造られていたという。地方の国府でも酒部あるいは酒人部が置かれていて酒を造った。国を治める祭祀行事にはいつも酒盛りを欠かすことができなかったからである。元正帝の左大臣、長屋王の大邸宅には御酒醸所《おさけかもしどころ》があり、邸跡から出土した木簡には米、麹と汲水の配合割合が記されているから、米を麹で糖化して発酵させる日本酒造りの技術が既に整備されていたことが分かる。

しかし、民衆が酒を飲むことは機会あるごとに制限されていた。大化二年（六四六）には、農耕が忙しい季節には農民が魚を食べ、酒を飲むことを禁じる禁酒令が発布されている。さらに、天平宝字二年（七五八）には、集会して飲酒することを禁ずる詔が出た。酔って喧嘩をしたり政治を批判したりするからいけないというのである。

しかし、この頃の農民は租税、賦役、兵役などの課役負担が重いために生活が困窮し、酒を飲む余裕などとてもなかったらしい。山上憶良の貧窮問答歌にあるように、「風雑《かぜまじ》へ　雨降る夜の　雨雑へ　雪降る夜は術もなく　寒くしあれば　堅塩《かたしお》を取りつづしろひ　糟湯酒《かすゆざけ》（酒粕を湯に溶いたもの）うち啜《すす》ろひて　咳《しわぶ》かう……」というわびしい暮らしであった。一般の民衆が日常的に飲酒するようになるのは江戸時代以降のことなのである。

七　独自の食文化を育てた日本の地勢と風土

人間は大地から、そして海や川から得られる自然の恵みを食べて生きてきた。だから、どのような農作物を栽培し、どのように調理して、どのように食べるかなど、食文化の発展はその国の地勢や風土と密接に関連している。

日本の国土は地形が複雑で、季節の変化に富んでいるので、自然の恵みが豊かである。日本列島の面積は約三十八万平方キロメートルで決して広くはないが、北緯四十五度の北海道から北緯二十五度の沖縄まで南北約三千五百キロメートル、東西約三千キロメートルに広がっている。列島の中央部には脊梁山脈が走っているので国土の七割が山地であり、三万余の流れの速い河川が流れているから、気候は狭い地域ごとに異なり、海岸線は複雑に入り組んでいる。

列島の中央に位置する本州は温帯アジアモンスーン地帯に属し、雨量が多く四季の変化がはっきりしているが、北の北海道は亜寒帯気候、南の沖縄は亜熱帯気候である。さらに列島を取り囲む海洋は、太平洋側にオホーツク海から冷たい親潮（千島海流）が南下し、南方からは暖かい黒潮（日本海流）が北上している。日本海側には、黒潮から分岐した対馬海流が北上し、北海道にはオホーツク海からの流氷が流れ着くなど、暖流、寒流の入り混じる日本沿岸はプランクトンが豊富な世界屈指の漁場である。

この複雑な地形と気候が幸いして、国土は狭いけれども四季折々の農産物や魚介類が豊富に手に入るので、魚介類や野菜を使う日本食が発展したのである。私たちの先祖は、約一万年前に氷河が溶けると繁茂し始めた広葉樹の森で木の実を採取し、小動物や魚介類を捕獲して定住を始めた。ほぼ同じ緯度にあるユーラシアの乾燥地帯では紀元前六千年頃になると、ムギ、アワ、ヒエを栽培する農耕が始まった。しかし、日本列島では湿潤、温暖な自然環境が維持されていたので、豊かな自然の恵みを狩猟、採取する食生活を一万年も続けることができたから、紀元前数百年ごろに稲作の技術が大陸から伝来してくるまで農耕らしい農耕は行われなかった。山海の恵みが豊富にあったので、狩猟、採取に頼っていても豊かな食生活ができたからであろう。

また、日本列島が絶海の孤島ではなく、ユーラシア大陸に近く寄り添っているために海流に乗って中国や朝鮮あるいは南方諸島との海上交通が容易であったことも食生活の発展に幸いした。縄文、弥生の昔から中国大陸、南方諸島の農作物や果樹が海上交通によって次々と伝来したからである。大陸より九州に伝来した稲作農業はわが国の高温多雨な気候に適していたから数百年のうちに本州の北端にまで普及し、日本人の主食は米になった。稲だけではなく、現在栽培されている穀物、野菜や果物のほぼ三分の一は縄文、弥生の時代から平安時代の末までに中国大陸から、あるいは南方諸島より海を渡って持ち込まれたものである。アワ、ソバ、ウリは縄文時代に中国大陸から、サトイモ、ヤマイモは東南アジア諸島から伝来し、オオムギ、ダイズ、アズキは弥生時代に朝鮮半島から伝わってきたらしい。ダイコン、カブ、マクワウリ、ネギ、ニラ、ニンニクなどは稲が伝えられる前に大陸から伝播していたらしく、タカナ、シロウリ、キュウリ、ナスビなどは大和朝廷と中国、朝鮮との交流に伴って伝来したものである。我が国で現在栽培されている野菜は百種類余りであるが、そのうち日本列島原産の野菜は意外なほどに少なく、セリ、ミツバ、ノビル、フキ、ウド、ミョウガ、ワサビなど、マイナーな山菜が多い。

古代王国、大和王権が誕生してからは、歴代の首長が当時の先進文明国、中国と積極的に交流したので、律令、経典などと共に　かの地の進んだ食文化がわが国に移入されてきた。水稲、麦、芋、野菜などの農作物だけではなく、農耕に使う牛馬や農具、竈、鍋、釜、石臼、擂り鉢などの炊事道具、箸や食器など食事用具、酒、酢、味噌、豆腐、納豆などの製法、どれをとってもすべて中国、朝鮮から移入したものである。さらに、朝鮮から伝来した仏教の影響を受けて肉食を禁忌する食習慣が始まり、魚介類と野菜を中心にする食生活になったのである。

古代日本の調理法は鱠や焼物、干物、塩漬けなど素朴なものであった。それが煮物、和え物、酢の物、揚げ物などの複雑な料理に変わったのは、鎌倉時代に禅僧が紹介した中国の精進料理から「料理法」を学んだからである。同じく、中国から伝えられた喫茶の習慣は、やがて茶の湯というわが国独特の文化に発展し、茶の湯の席で会食するために懐石料理が考案されたのが日本料理の始まりとなった。

表1－1　海外より伝来した穀物、豆、野菜類

時代区分	植物名
縄文時代	稗、粟、黍、蕎麦、サトイモ、ナガイモ、コンニャクイモ、クロクワイ、マクワウリ、ユウガオ、ヒョウタン、ゴマ、シソ
弥生時代	水稲、大麦、小麦、大豆、小豆、緑豆、カンピョウ、ダイコン、カブラ、アブラナ、カラシナ、ショウガ、ネギ、ニンニク、ニラ、ラッキョウ、ハス
飛鳥、奈良時代	小麦、黒豆、ササゲマメ、エンドウマメ、ソラマメ、ナスビ、キュウリ、シロウリ、トウガン、ツケナ、チシャ、イチゴ、レンコン、シロクワイ、筍
平安時代	タカナ、カラシナ、ゴボウ
鎌倉、室町時代	ニガウリ、シュンギク
南蛮交易時代	高粱、サツマイモ、ジャガイモ、ツクネイモ、トウモロコシ、ソラマメ、ナタマメ、カボチャ、スイカ、ホウレンソウ、オランダミツバ（セロリ）、トウガラシ
徳川時代　前期	裸麦、インゲンマメ、南京豆（ピーナッツ）、東洋ニンジン、赤ナス（トマト）、スイカ、ヘチマ、サトウキビ、甘藍（結球キャベツ）、オランダ芹（パセリ）、孟宗筍
〃　後期	アスパラガス、タマチシャ、チリメンチシャ、オランダイチゴ
明治、大正、昭和	ライ麦、トウモロコシ、ジャガイモ、西洋カボチャ、ピーナッツ、西洋ニンジン、甜菜、タマネギ、山東白菜、キャベツ、ピーマン、オクラ、トマト、レタス、アスパラガス、セロリ、パセリ、カリフラワー、ブロッコリー、ラディシュ、イチゴ、メロン、木立トマト、マッシュルーム

※現在、広く栽培されている作物に限った。伝来の時期がはっきりしないものは時期を重複させて記載し、また伝来は古いが普及せず、明治以降に新品種の栽培が広まったものは再掲した。

米飯、魚料理、野菜料理と味噌汁、漬物を基本にする日本食は日本独自のものと考えられがちであるが、実は中国大陸や東南アジア諸国の米作地帯に共通する食事文化なのである。ところが、日本の食事文化には外来の食文化をそのままに受け入れるだけではなく、それを我が国の風土や国民性に合わせて独自に発展させるという民族的能力が備わっていた。そうでなければ近現代の日本に起きた食生活の激変をとても理解することができない。明治初年には文明開化の風潮に合わせて西洋料理を受け入れ、第二次大戦後にはアメリカの食文化を受け入れて、それまでの日本の伝統的な食事文化が劇的に変化し、近代化されたのである。

第二章　古代の食事に日本食の源流を探る

一　米を中心にする食文化の始まり

四世紀から六世紀まで続いた古代王国、大和王権は勢力を畿内から九州、中国、関東に広げ、さらに、海を渡って朝鮮半島の百済、新羅に侵攻し、中国本土の魏、東晋、宋の皇帝に使節を送って倭国の国王としての地位を固めた。隋、唐帝国が出現する以前の中国大陸は戦乱が続いていたので、多くの漢人が戦乱を避けて江南や朝鮮半島、そして日本に逃れて新しい農業技術、生活習慣、騎馬技術などを伝えた。

この大和王権が隋、唐の政治体制に倣って本格的な律令国家に移行したのは七世紀から八世紀、奈良の都に栄えた飛鳥、白鳳、天平の時代である。律は今日の刑法、令は行政法や民法に相当するものであり、律令に基づいて官制、身分制、田制を定めて民衆を統治するのが律令制である。文武天皇の七〇一年、大宝律令が制定され、天皇を中心にした中央集権国家体制が完成する。

華やかな天平文化が開花した奈良の都の経済を支えたのは米であった。米を十分に調達することが国の最重要事であり、稲作は国家の税収を賄う重要な産業として国を挙げて推進された。日本の神話では稲は神より授けられた穀物であるとされている。「太陽神である天照大神が皇孫、瓊瓊杵尊を豊葦原の瑞穂の国に降臨させるに際して稲穂を持参させた」のであるから、その子孫である天皇家が司る祭祀儀礼の中では収穫した米を神に捧げて豊作を感謝する新嘗祭が最も重要とされているのである。

孝徳天皇の大化二年（六四六）、大化の改新によって全ての田畑、領民を公有にする公地公民制度が発足し、公民には口分田を支給する班田収授法が実施された。それまでは王族、豪族が耕地と農民を私有していたのを改めたのである。公民男子には二反、女子には一反百二十歩の水田を支給し、戸ごとに収穫した米を租（田租）として物納させることになった。

奈良時代が終わる八世紀末には、全国の耕地面積は百万町歩（約百万ヘクタール）で、水田は七十万町歩に達していたと考えられる。その頃、水田一ヘクタール当たりの米の収量は一トンぐらいであったらしいから、約七十万トンの収穫があったであろう。すると、当時の人口を七百万人とすれば一人当たり年間百キログラム程度になる。それから千年後の江戸中期になると水田面積は約百六十万ヘクタール、収穫米は三百六十万トンを超えるようになるが、人口も二千五百万人に増えたから一人当たりの米の収穫は奈良時代とそれほど変わらぬ百四十四キログラムであり、民衆が米を常食するにはとても足りない。日本の食文化は米を中心にして発展してきたのではあるが、肝腎の米はいつの時代にも不足していた。

米の収穫を経済基盤とする政治体制は奈良時代の班田収授法に始まって江戸時代の石高制を経て明治維新に至るまで千三百年間続き、いつの時代にも新田を開墾して米の収穫を増やすことが政治の最重要課題であった。奈良時代には酒を飲んだり肉を食べたりすると稲作が失敗すると信じられていたから、大化二年（六四六）には稲作が忙しい季節に農民が魚を食べること、酒を飲むことを禁止する禁酒令が出されている。また、天武四年（六七五）に布告された殺生禁止の詔では農耕に使う牛馬を殺すことを禁じている。僧侶に経を読ませ、役人たちに酒と肉を禁じて稲作の無事を祈願することもたびたび行われた。

しかし、米を生産している農民は米を十分に食べられる状態でなかった。班田収授の制度で成年男子一人に支給される口分田、二反は二十四アールに相当する。口分田一反から収穫できる稲は平均して四十束、米にして八斗、百二十キログラムぐらいであったと考えられるが、口分田一反につき稲一束五把を租として徴収したから、租は収量の多い上田なら収穫量の三%、下下田なら十%に相当した。口分田二反から収穫できる米は二百四十キログラムであるが、そこから租税、義倉（飢饉に備える備蓄米）、日用品の購入などに必要な米を差し引くと、飯米にできるのは三分の二、百六十キログラム程度になったらしい。米だけを食べるのであれば、一人、一日に米五合、一年で一・八石、二百七十キログラムが必要であることを考えると、夫婦二人に支給された口分田から手にする飯米、一日五合で一家が暮らしていくのは容易ではない。

農民は租と出挙《すいこ》を納めるだけでなく、庸（労役）、調（特産物を供出する）、兵役などの課役を負担しなければならなかった。農民に対して種籾を半強制的に貸付け、秋の収穫時に五割の利息を付けて返却させる出挙の利息は租とともに国郡の重要な収入になっていた。生活を助けるために貴族や寺社の私有田を借りて耕作すれば、さらに高い利息を取られた。農民が過酷な負担を免れようとすれば逃亡するか、貴族の奴婢になるかどちらかしかなかったのである。

万葉集に収録されている山上憶良の「貧窮問答歌」にあるように、当時の農民は耕作に励んでみても、襤褸《ぼろ》を着て土間に藁を敷いて家族で雑魚寝をし、飯を炊くこともできないので、竈には火の気がなく米を蒸す甑には蜘蛛の巣が張っているというみじめな生活しかできなかった。それでも「朝になれば村長が鞭を振るって税を取りに来る」から、とても米を食べられる状態ではなかったのである。この後、中世になっても農民は主に粟や麦を食べて過ごし、江戸時代の百姓は米を常食することを幕府に禁じられていた。日本食は米飯を食べることを中心にして発達したのではあるが、一般民衆が米飯を十分に食べられるようになったのは意外にも第二次大戦後のことなのである。

二 肉食を禁忌する食習慣の始まり

日本食の伝統的特徴は、米を主食にすることと肉を食べないことであった。肉食が禁止されていたことは仏教信仰と深い関係がある。仏教が公式に伝来したのは欽明天皇十三年（五五二）、百済の聖明王が仏像、経典と僧侶を送ってきたときである。推古天皇は推古二年（五九四）に仏教興隆の詔を出し、執政、聖徳太子は仏教に深く帰依し、法隆寺、四天王寺などを建立した。仏教は国家鎮護を願う朝廷の保護を受けて国家仏教の性格を強め、聖武天皇は国家の平安を祈願するために　都に東大寺、全国の国府に国分寺、国分尼寺を造営させた。

仏教信仰が広まると、殺生禁断の戒律を守るために、天武天皇の四年（六七五）に肉食を禁止する詔が公布された。農耕が忙しい四月から九月までは牛、馬、犬、猿、鶏を殺して食べてはならないという命令である。民衆の多くはまだ仏教の殺生戒律を知らなかったから、狩猟、漁労を全面的に禁止することはできなかったのであろう。そこで、殺生禁断の詔はその後、何回も繰り返して発布された。なかでも、聖武天皇は天平十七年（七四五）に三年間、一切の禽獣を殺してはならないと厳しく命じている。中国では殺生禁断の戒律は寺院の僧侶だけで守られ、民衆に強制されることはなかったが、わが国では仏教が国家権力と結びついていたため、一般民衆にまで肉食禁止が強制されたのである。

昔の日本人は動物の肉を全く食べていなかったのかと言えばそうではない。縄文時代には猪や鹿などの肉は貴重なタンパク源であり、貝塚からは多くの獣骨が出土する。弥生時代には野獣、野鳥はもとより、家畜として飼っている牛、馬、豚や犬、鶏なども食用にすることがあった。中世になって仏教信仰が民間に広まってからも、野獣や野鳥を食べることは止まなかった。武士が武術修練のために狩猟を行い、その獲物を食べるのはごく普通のことであり、農民は農作物を荒らす鹿や猪を捕えて、その肉を健康の維持、病人の体力回復のために「薬喰い」した。雉、鶴、鴨、鶉などの野鳥は上流階級で高級食材として使われ、江戸の市中には鹿肉を「もみじ」、猪肉を「ぼたん」あるいは「山くじら」と呼んで食べさせる店があったぐらいである。

しかし、宮中から始まった肉食の禁忌は次第に一般民衆の食生活を規制するようになっていく。中世になり仏教信仰が民間にまで広まると、肉食をすることは仏教で禁じている殺生に反する行為であり、忌むべきこと、穢れた行為であると考えて、牛、馬、鶏、そして卵を食べるのはタブーとなったのである。殺生を穢れとする意識は殺生の対象となる生き物が人間に近いほど強い。農耕に使う牛、戦闘に使う馬、身近に飼う犬、鶏を殺すことは嫌うが、野生の獣、鳥、魚を獲ることはそれほどでもない。川や海で魚介類を獲ることは動物性タンパクを手に入れるために欠かせなかったが、家族同然に暮らしている牛馬、そして犬、鶏を殺して食べることは躊躇したのであろう。江戸時代になると鶏と卵は食べるようになったが、牛馬は明治維新に肉食が解禁されるまで頑として食べなかった。東南アジアの米作地帯では残飯で豚を飼って食用にするのが普通であるが、日本では平安時代以降は豚を飼うことも止めている。

しかし、仏教では牛乳を飲用することを禁じていないので、奈良時代には中国に倣って牛乳はもとより、「酥」、「酪」、「醍醐」などの乳製品が宮中で愛用されていた。しかし、民衆の嗜好には合わなかったためか、平安時代以降は牛乳を飲み、乳製品を食べる習慣は廃れた。中国、インド、西アジア、アフリカ、アメリカ、ヨーロッパでは人々は肉用、乳用にする家畜と共に暮らしてきたが、わが国では牛馬は農耕、労役に使うための動物であり、食用、乳用に利用することはなかった。日本の食料生産はあくまでも稲作農業が主体であり、地形の制約もあって食用、乳用にするため多数の家畜を飼育する牧畜は行われなかった。日本人が牛肉、豚肉を食べるようになるのは、明治維新を経て肉食禁止令が解禁され、西洋料理が普及してからのことである。

三　奈良の都の贅沢な貴族食

青丹《あおに》によし寧楽《なら》の都、平城京の造営が完成したのは和銅三年（七一〇）である。この壮大な新都の官制をみると、宮内省に大膳職《だいぜんしき》と内膳司《ないぜんし》という官職がある。大膳職は宮中における宴会行事を担当する役職であり、地方から調や雑物として納められる食材の管理をした。内膳司は天皇の食事を調える部署であり、そこには調理を専門にする部民（膳部）が大勢働いていた。秋の新嘗祭、二月の祈年祭、元日の節会、節句の節会など宮中で行われる儀式や節会には、必ず飯、汁物、生の魚介、干し物、嘗め物、菓子などを品数多く揃えて酒宴が催された。

元正帝の御代、権勢を誇った左大臣、長屋王の大邸宅跡から三万五千点もの木簡が出土し、その中に大貴族、長屋王家で消費された食材を記録した木簡が多く含まれていた。それを参考にして古代食研究家の広田卓氏が再現した長屋王の食膳は、海鮮ものを中心にしたグルメ料理が三十皿も並ぶ贅沢なものである。

飯　椀に高盛にした白飯
羹《あつもの》（熱汁）　蛤の羹、鶴のささみと蕪の羹
鱠《なます》と熟鮓　鮎鮨、クラゲの鱠、鯉鱠、ホヤ鱠、蟹とニナ貝、氷魚
煮もの　煮塩鮎、里芋の煮つけ
焼きもの　焼き蛸、焼きサザエ、焼き蛤、焼き雉肉
蒸しもの　蒸し鮑、蒸しエビ、蕪の蒸しもの
干しもの　鯛塩干、鱒塩干、鱸塩干、鮭塩干、鹿干し肉、猪干し肉
醬漬け　醬漬け鰹、醬漬け鮎、醬瓜、蒜和え醬酢《ひしおす》鯛
粕漬け　粕漬け瓜、粕漬け蕪
酢のもの　モズク、ところてん、蕪酢漬け
果子類　串柿、栗、橘、柑子、山桃、枇杷、桃、餅
酒類　清酒（濾過した米酒）
調味料　塩、酢、酒、醬、鰹の煮汁

食膳に出される料理の品数は天皇、貴族、官人という身分によって違いがあった。社会階層が分かれてくると、身分によって食べるものが違う「食の階層化」が生じる。権力と富を集めた天皇や貴族は唐から伝来した新しい食文化を取り入れ、山海の珍味を集めた贅沢な食事ができるが、民衆は命をつなぐだけの粗末な食事しかできなくなった。貴族の食べるものと庶民が食べるものが全くの別物になった時代である。

奈良の都で天皇や貴族が食べていた食材は驚くほどに豊富、多様であった。主食は米飯であるが、粟、黍、麦、大豆、小豆、大角豆《ささげ》なども食べている。米は粥や強飯にするだけでなく、姫飯（今日のご飯）にして食べるようになり、糯米を蒸して杵で搗いた餅を菓子や携帯食にしていた。茄子、大根、蕪、芹、蕗、瓜、生姜などの野菜、山芋、芋、牛蒡などは羹（熱汁、吸い物）、茹で物、漬物などに調理した。梅、桃、栗、胡桃、柿、橘などの果実は干して菓子にしていた。

鹿や猪、鴨や雉を食べることは稀になり、魚貝類や海藻を多く食べるようになった。鯛、鰹、鱸、鮪、鯵、河豚、鮎、鮒、鰻、鱒、鮑、蛤、牡蠣、蟹、そして昆布、若布などである。これらの魚介類は生のままで鱠にするか、あるいは焼いて、または腊《きたい》（魚の丸干し）、楚割《すわやり》（細切りにした魚肉の塩干）にして食べた。鱠は生魚や生肉を細切りにしたものである。因みに鱠を酢で和えるようになったのは室町時代からのことである。魚や貝を塩と飯で漬けて発酵させる熟鮓《なれずし》が保存食として各地で作られて献上されている。

調味料は塩と酢、そして醤《ひしお》であった。醤の製法は大陸から伝来したもので、大豆、米、麦などに塩を混ぜて醗酵させた穀醤を絞った液状の醤と塩、酢などで生魚や茹で野菜を食べたのである。野菜や貝を楡の樹皮の粉末と塩で漬けた葅《にらぎ》という辛い漬物もあった。宮廷の大膳職には醤院《ひしおつかさ》があり、宮中で使う穀醤、末醤（味噌）、豉《くき》（塩納豆）を製造していた。当時の料理は後世のように調味料で味をつけて煮る、あるいは焼くなどはしてないから、各自が小皿に入れた塩、酢、醤などを付けて食べるのである。

製塩は弥生時代からの藻塩焼きで行われていたが、海水を浜に設けた塩田に撒いて天日で乾かし、その砂を海水で洗いだして煮詰める塩田製塩が徐々に始まった。塩は貴重なものであり、塩一升が米二升と交換できたという。後世、日本料理の味付けに欠かせないものになるのは鰹節と昆布であるが、現代のような鰹節はまだなかった。使っていたのは堅魚煎汁《かつおのいろり》（鰹の茹で汁を煮詰めたもの）である。昆布は火で炙るか、結び昆布にして食べていたが、出汁を採るのには使われていなかった。甘味料には蜂蜜や糯米を麹で糖化した水飴と甘葛煎《あまずら》が使われていた。甘葛煎は蔦から採取した甘い樹液を煮詰めたものである。また、宮内省には造酒司《みきのつかさ》があり、酒部という官人が六十名も働いて宮中の祭祀に使う酒、甘酒、酢を醸造していた。酒造りの技術は大陸から伝来したのであるが、この頃には蒸し米を麹で糖化して醗酵させる日本独自の酒造りに変わっていた。酒造りを失敗すると酒が酸敗して酢に変わってしまうので、その苦い経験から酢を苦酒《からさけ》と言っていたらしい。

奈良時代の天皇や貴族は牛乳や乳製品を愛好していた。中国からの渡来人、善那が牛乳を孝徳天皇に献上して姓と官職を賜ったと記録されているように、牛乳を飲む習慣も大陸伝来である。宮中の典薬寮に乳牛院が設けられ、牛乳を絞って天皇一家に毎日三升を差し出していたと記録されている。牛乳からは酪と蘇、醍醐が作られ、獣肉に代わる貴重なタンパク源として珍重された。蘇は牛乳を煮詰めて凝固させたコンデンスミルクあるいはチーズの類であり、酪はヨーグルト、醍醐はバターかチーズに似たものだったらしい。延喜式によると諸国に乳戸を設け、蘇を貢物として上納させているが、蘇を五壺造るには十三頭の雌牛から二十日間、乳搾りをしたという。しかし、奈良時代、平安時代を過ぎると、牛乳や乳製品は食卓から姿を消してしまう。

これらの食材は、調、庸として献上される絹布、絹糸、麻布など一緒に全国から平城京に運ばれてきた。都には官営の東市と西市が開かれていて、役所に納められた物品、官人に給付された食材などが必要に応じて物々交換された。正倉院文書に残っている市の記録や荷札の木簡をみると、東西の市で取引されていた食材が驚くほどに多様、かつ豊富であったことが分かる。

四　庶民の食事は玄米飯にあらめ汁

平城京や平安京には全国各地から租、庸、調など租税として納められる物品が集まっていた。律令政治を支える班田制と中央集権政治が維持されていた七世紀から九世紀は、畿内や地方の治安は安定していたから、地方から都へ物品を運ぶ道路の通行は自由にできた。都には全国から集まる物品を売買、交換するために官営の東西市場が開かれ、物品を地方より運搬してきた役人や役夫、行商人で賑わっていたのである。市では米、麦、生魚、干魚、海藻、塩、醤、菓子、果物、熟鮓や酒も売られていた。醤作りは盛んに行われ平安京の市には醤を売る店が五十軒もあったという。大根、青菜、茄子、葱、韮、蕪など野菜も売られていたが、朝廷や豪族、官人たちは自家の菜園で自給していたらしい。

どのような食材を、どのように加工して食べていたのかを、平安中期に編集された漢和百科事典、倭名類聚抄から知ることができる。「倭名類聚抄」には穀類、野菜、根菜、魚介類と、さらに山野草、海藻、調味料、香辛料、酒などを合わせて二百種類ほどの食材、食品が収録されている（表2－1参照）。これを見ると、現在私たちが食べている穀物、野菜、果物、調味料などの食材の三分の一ほどがすでに利用されていることに驚くばかりである。もちろん、近世以降に欧米から移入された多くの食材を除いての話ではあるが、千二百年前の人々が食べていた食材と、現代の私たちが食べている食材とには共通するものが多いのである。

このように平城京や平安京の市場には数多くの食材が売られてはいたが、都の住民はこれら高価な食材を購入して食べることができたのであろうか。当時の人口は全国で七百万人程度であり、平城京や平安京の人口は約十万人で、その一割は貴族や官吏であった。平城京の市では、飯一笥、酒四合、茄子三個、瓜二個がそれぞれ一文で売られていたらしい。当時流通し始めた銭一文にどれだけの価値があったのかは不明であるから、官人の日当と比較してみる外はない。

天平時代の役人、兵士や写経生などの日当は米八合、酒四合、塩一勺、醬一合程度であった。一人でも十分に食べるのには一日に米四合が必要なのに、一日、米八合の日当で家族を食べさせ、日用品も買うのであるから、その生活は厳しいと言わざるを得ない。農民はどうであろうか、口分田として支給される田、二反から収穫できる稲は平均して八十束、米にして一・六石、二百四十キログラム程度であった。さらに、租、庸、調、雑などの租税と強制的に貸し付けられた種籾の返却などを合計すると収穫の三割にもなったから、一日に使える米は夫婦合わせて五合である。これで家族を養うとすれば官人以上に苦しい生活になる。当時の農民の悲惨な生活を憤って詠んだ山上憶良の「貧窮問答歌」にあるように、農民の家では「飯を炊くこともできないので竈に火の気がなく、米を蒸す甑には蜘蛛の巣が張っているが、それでも里長が鞭を振りながら徴税にやってくる」という状態であったらしい。

平安時代になっても地方の農民は竪穴式住居や掘立柱住居に暮らしていた。石川県の加茂遺跡から出土した嘉祥二年（八四九）の告知板には、農民は寅刻（午前四時）から戌刻（午後八時）まで働くように、溝や堰を修復して五月末までに田植えを済ますように、浮浪逃亡してはならず、酒や肴を勝手に食べてはならないなどと厳しい指図が記されている。

この時代の貴族が食べていたものは記録に残っていることもあるが、大多数の庶民の食事を記した記録はどこにもないから想像の域を出ない。当時の庶民はどのような食事をしていたのだろうか。奈良国立文化財研究所で、藤原京の遺跡から発掘した出土品を参考にして当時の食事を再現したことがある。それを紹介してみると、貴族の食事は、白米飯、わかめ汁、鮎の煮付け、茹でた芹、鯛の和え物、鮑のウニ和え、ところてんの醤酢添え、枝豆、瓜の粕漬け、生姜の酢漬けと酒、調味料は酢と塩、デザートは酪（ヨーグルト）、胡桃、梅、枇杷の実である。下級役人は玄米飯と塩、青菜の醤汁、鰯の煮付け、蕪の酢のものと酒粕を湯に溶いた粕湯酒、庶民の食事はさらに貧しく玄米飯、あらめ汁、茹で野蒜と塩だけである。どれも味付けがしてないから、各自が好きなように塩、醤、酢などをつけて食べていた。

万葉集は奈良時代初期に編集されたわが国最古の国民歌集であって、天皇から農民までその時代を生きた人々の生活が詠われている。当然ながら、当時の食べものを詠み込んだ歌もある。

醤酢に　蒜《ひる》搗き合てて　鯛願ふ　吾にな見せそ　水葱《なぎ》の羹（長意吉麻呂『万葉集』巻十六）

（ノビルを刻み込んだ醤酢で鯛の刺身を食べたいものだ……）

瓜食めば　子ども思ほゆ　栗食めば　まして偲ばゆ　いづくより　来たりしものぞ

（山上憶良『万葉集』巻五）

石麻呂に　吾もの申す　夏痩せに　よしと云うものぞ　鰻とりめせ（大伴家持『万葉集』巻十六）

表2－1　倭名類聚抄に収録されている平安時代の食品

	食材
穀物	米、粳米、糯米、精白米、大麦、小麦、ソバ、カラスムギ、アワ、モチアワ、キビ、モチキビ、大豆、黒豆、ササゲ、小豆、エンドウ、ゴマ
果実、堅果	ザクロ、ナシ、コウジ、ハシバミ、クリ、シイ、イチイ、カヤ、トチ、グミ、アンズ、リンゴ、ヤマモモ、モモ、スモモ、ナツメ、タチバナ、ユズ、ウメ、カキ、ビワ
野菜、山野草	カブラナ、カブ、タカナ、カラシナ、ダイコン、ミョウガ、ショウガ、コンニャクイモ、チシャ、アザミ、フキ、ニンジン、キウリ、マクワウリ、トウガン、ナス、アケビ、ヒシの実、ハスの実、イチゴ、サトイモ、ヤマイモ、むかご、クワイ、ネギ、ニラ、ニンニク、ノビル、ラッキョウ、アサツキ、大アザミ、ヒユ、スミレ、ワラビ、ニガナ、ゴボウ、アブラナ、ヨメナ、ハコベ、ギシギシ、アカザ、茸
魚介類	クジラ、イルカ、マグロ、カツオ、サメ、トビウオ、マダイ、クロダイ、カレイ、イシモチ、サヨリ、エイ、ウナギ、エビ、アジ、サバ、イワシ、ボラ、ハモ、コノシロ、フグ、サケ、マス、タラ、コイ、フナ、スズキ、マス、ナマズ、アユ、シラウオ、ナマコ、アミ、スッポン、サザエ、ウニ、タニシ、カワニナ、ニシ、ハマグリ、シャクシガイ、マテガイ、シジミ、ホッキガイ、イガイ、アワビ、カキ、イカ、ワタリガニ、タコ、ナマコ、ホヤ、クラゲ、カニ、イシガニ
海藻	コンブ、ワカメ、アラメ、ミル、アオノリ、アマノリ、フノリ、オゴノリ、ところてん、ホンダワラ、ツノマタ、ヒジキ、モズク
禽獣	雉、鳩、鶉、鴨、雁、鴎、猪、鹿、兎、豚

食材の調理

米の調理	飯、粥、重湯、強飯、混ぜ飯、山芋粥、油飯、糒、餅、餅たん（具材を包んだ餅）、粽、草餅、揚げ餅、揚げ団子、団子、素麺、煎餅、麹、糵《もやし》、米粉、麦粉、黄粉（煎大豆粉）、煎り米、おこし、水飴
野菜の調理	蒸し野菜、茹で野菜、にらき（楡粉を入れた漬物）、羹（野菜、あるいは魚鳥肉の熱汁）
魚鳥の調理	鱠（刺身）馴れ鮨、酒粕漬（雉肉など）干魚、塩干魚、目刺、焼き干し、煎り付け、炙りもの、氷頭、鳥肉の塩干、丸干し、乾肉、塩辛、煮凝《にこごり》（佃煮）、和え物
調味料	塩、荒塩、酢、醤（醤油、味噌の原型）煎汁《いろり》（魚の煮出し汁）、納豆、蜜、甘葛汁
香菜	ニンニク、ショウガ、干ショウガ、サンショウ、ワサビ、カラシ、タデ、クルミ、ミカンの皮
乳製品	醍醐（バター）、酥（チーズ）、酪（ヨーグルト）
酒類	酒、甘酒、黒酒、白酒、濁り酒、酒粕

※倭名類聚抄は平安時代中期、承平五年、源順が編纂した漢和百科辞典である。その「飲食部」に収録されている食材と料理を抜粋し、永山久夫著「日本古代食事典」東洋書林刊を参考にして現代語に直した。

五　今も続いている古代の食事習慣

この時代の炊事風景、食事作法をまとめてみる。縄文時代、弥生時代に食料の貯蔵や調理に使っていた土器は手で成形して焚火で焼いたものだったが、古墳時代になるとより高温で焼成した土師器、あるいは中国から伝来した轆轤の技術を使って成形し、窯で硬く焼締める須恵器を使った。煮炊きは竪穴式住居の土間に炉を組んで行っていたが、古墳時代になると中国に倣って土間の隅に炊事用の竈を築いて鍋や甑を使って炊事をするようになった。奈良時代になると宮廷や寺院では加熱に強い鉄や銅の鍋、釜を使うようになるが、庶民は相変わらず素焼きの鍋や甑で炊事を続けていた。粉挽臼が奈良時代に伝えられたが、日本では糯米を粉に挽いて団子を作ることはしないで、粒のまま蒸して木製の臼と竪杵《たてきね》で搗いて餅にした。餅は日本で考案された食べ方であるらしい。

紀元三世紀頃の日本の習俗を伝える中国の歴史書、魏志倭人伝には「食飲には高杯を用いて手食す」とあるから、邪馬台国の時代には鉢に盛った食べ物を手づかみで食べていたらしく、箸を使うようになったのは飛鳥時代、聖徳太子の頃からであろう。二本組の箸は遣隋使により持ち帰られたものだから唐箸と言っていた。正倉院御物には銀製の箸があるが、庶民は竹や木製の箸を使った。当時の貴族階級は中国風に箸と匙を使って食事をしていたが、匙を使う習慣は平安時代が終わる頃になくなった。粘り気がある米飯を食べるのは箸で十分に用が足り、汁物は椀に口をつけて飲むことにしたからである。現在、世界で箸を使っているのは中国、朝鮮、ベトナム、そして日本だけである。

箸を使って食事をするのであるから、食べるものは箸で摘まんで口に入れられるほどに小さく切り分けて調理する必要がある。包丁とまな板を使い、魚を上手に捌き、芋や人参、大根などをきれいに刻む技術がすでに平安朝の頃から発達していたと考えてよい。ほとんどの料理が生ものか干物であったから、料理人の見せ場は包丁さばきだったのかもしれない。西洋では肉は塊のままで焼くか煮込み、食卓でナイフを使って切り分けるのが習慣であるから、上手な包丁捌きは必要でない。日本料理では料理を美しく見せるために、「包丁を上手にさばく」ことが求められ、古くは料理人を包丁人と呼び、日本料理は「切って見せる」料理だと言われているのはこのことによる。

食べ物を盛る食器には弥生時代から素焼きの土器と木製の皿や椀が使われていたが、古墳時代になると硬く焼きしめた須恵器の皿や鉢が使われるようになり、貴族たちは中国の真似をして彩釉の陶器、銀、金銅、ガラス製の盤や鉢も使った。平安時代になると貴族たちは日常的に漆器を使うようになり、儀式、身分、階級に応じて食器の使い分けが行われた。鍋や大皿から直接食べていた西欧とは違って、食べ物を自分用に取り分ける小さな食器が古代から発達していたのである。なお、絵付けをした陶磁器製の皿や椀に料理を美しく盛り付けることを競うのは日本料理の伝統の一つになっているが、絵付けをした磁器は桃山時代に朝鮮から連れてこられた陶工たちが作り始めたものであり、庶民が使うようになるのは江戸時代中期以降のことである。

米飯と魚、野菜、醤を基本とする食事を、皿と椀、箸を使って食べる食事のスタイルは中国、朝鮮をはじめとして東南アジアの米食地帯に古くから共通しているが、食卓の風景は国ごとに特徴がある。まず、中国ではテーブルと椅子を使って食事をするが、朝鮮、日本では床に座って膳を使う。貴族は台盤、高杯、衡重、懸盤などの膳を使い、庶民は簡単な折敷膳を使っていた。既に奈良時代から高杯（一本脚の盆膳）あるいは折敷（長方形の板膳）などを使い、一人分の飯と汁、菜を椀や皿に盛って各人ごとの膳に配る「銘々膳」という給仕方式が行われていた。銘々膳を使うのは乏しい食べ物を公平に、あるいは身分、序列に応じて分配する知恵であるとも考えられる。銘々膳を使う習慣は明治時代まで続き、その後はちゃぶ台を囲み、近年は椅子に座って食卓で食べるようになった。しかし、家族一人ずつの食べる料理をあらかじめ小皿に取り分けて並べて置く習慣は今も残っている。

さらに、家族の一人一人が自分専用の飯茶椀、湯呑と箸を使うという世界的に見て珍しい習慣もこの時代に始まったらしい。平城宮の住居跡から発掘された食器に使用者の名前を墨書して他人の使用を禁じているものが見つかっている。西洋料理や中華料理では食卓の真ん中に大皿や鉢に盛った料理を置き、自分の食べる分量を各自が取り皿に取り分ける習慣であるから、自分専用のナイフやスプーン、皿などは定められていない。大皿の料理を自分の箸で取って食べる直箸《じかばし》を嫌うのは日本人独特の清潔感から生まれた作法であろう。食事をする前に両手に箸を挟んで「いただきます」と祈るなど、箸使いには数多くのマナーとタブーがある。

日本人のこのような食事スタイルはこの時代に整えられたものと考えてよい。平安時代後期に描かれた「病草紙」には下級の官人らしき男が食膳を前にして、歯槽膿漏の痛みを堪えている様子が描かれている。折敷という薄板で作った簡素な板膳の上に、うずたかく飯を盛り付けた椀があり、箸が突き刺してある。さらに、汁椀と副菜らしきものの皿があり、塩や酢を入れた小皿もある。このような飯と一汁一菜の食事が日本人の食事の原風景なのである。

六　朝、夕二食で我慢していた

日本人の誰もが朝食、昼食、夕食と一日に三度食事をするようになったのは江戸時代からである。古代から中世末期までは朝食、夕食の二食で過ごしていた。

狩猟、採取の生活をしていた原始時代にはいつ食事をするかは決まっていなかった。食べ物が手に入ったとき、あるいは腹が減ったときに食べていたのである。縄文人や弥生人が一日に何回食事をしていたかは分からない。しかし、炉に火を焚いて炊事をするのは手間のかかる大仕事であったから、食事時を早朝か、夕方に決めていたに違いない。

平城宮跡から出土した木簡に「常食朝夕」と書かれたものがあるから、奈良時代の貴族階級は朝夕二回食事をしていたと考えてよい。平安中期の宮廷では、朝御食《あさみけ》は午前十時、夕御食《ゆうみけ》は午後四時ごろに供奉すると決まっていた。しかし、兵士には間食用の米を支給し、宮中の下働きには昼に握り飯を支給していた。民間でも激しい労働をする農民、漁民、大工職人などは硯水《けんずい》、あるいは間炊という間食をしたが、働かない時は食べていない。

しかし、鎌倉時代になると、朝廷をはじめとする公家社会では朝食を済まし、午後二時ごろに軽い昼食を食べ、夕食は夜になってから摂るようになった。僧侶は朝に粥を食べるだけの一日一食であったのだが、日中に点心を食べ、やがて夕食も摂るように変わった。しかし、武士は戦場では別として、普段は一日二食の習慣を江戸時代初期まで守っていた。誰もが一日に三食を食べるようになったのは、江戸中期、十七世紀後半以降のことである。菜種油が安価で入手できるようになり日が暮れても燈火を灯して働くことが増えたので、夕食を摂る時間が遅くなり、昼飯を食べておくことが必要になったらしい。

中国大陸やヨーロッパではどうであったのであろうか。中国では紀元前数百年の戦国時代から一日に三回食事をしていた。何事も中国の風習を模倣した奈良時代の人々がこの習慣を無視して一日二食で過ごしていたのはなぜだろうか。エジプトでは紀元前十三世紀、古代新王国の時代から一日三食であり、同じ頃、古代ギリシャの都市国家でも一日三食であった。ところが、ローマ時代になると、朝食をごく軽く済ませて、昼の正餐と夕食をしっかり摂るようになり、その後、ヨーロッパ諸国では近世まで一日二食の習慣が長く続いていた。

日本でもヨーロッパ諸国でも、一日に三回食事をするようになったのは僅か四百年ほど前からなのである。それまで一日二食が長く続いていたのは、基本的には飢饉などが多く食料が十分になかったからであろう。人間は食べなければ生きていけないから、食べ物が乏しければ仲間と争いが生じる。そこで、人々は乏しい食料を仲間と分け合うために欲しいだけ食べることを慎んだのであろう。この習慣が中世に広まった仏教あるいはキリスト教などと結びついて、日に三度食べるのは罪悪であるという禁欲思想になったと思われる。

無住国師の雑談集に「昔の寺はただ一食にて、朝食一度しけり。次第に器量弱くして、非時《ひじ》と名付けて日中に食し……」とあるように、二度、三度食べるのは慎むべきことであった。中世のキリスト教社会では美味なものを我慢することが贖罪になると信じられていて、肉を食べない精進日や何も食べてはいけない断食日が一年を通じて数多く定められていた。必要以上に何度も食べること、必要もないのに食べることは「腹の貪欲」という大罪であり、「一日に一度食べるのは天使の生活、二度食べるのが人間の生活、腹を空かせた労働者が一日に三度も四度も食べるのは動物の生活」であった。東西ともに信仰の束縛から解放されて人間らしい生活を自由に楽しむことができる近代市民社会の到来とともに、一日三食の習慣が始まったと考えてよい。

しかし、一日二食から三食への変わり方は東西で異なっている。日本では朝食と夕食であったところに後から昼食が加わったのであるが、ヨーロッパでは昼食と夕食であったところへ朝食が加わって一日三食に変わったのである。ヨーロッパでは昼食が最も充実した食事であり、その前に割り込んだ朝食を英語でブッレクファーストというのは、夕食から翌日の昼食までの断食を中断するという意味である。パンとバターに、コーヒーか紅茶という質素なコンチネンタル・ブレックファーストが今でも続いている。

日本では夕食に重きが置かれていて、昼食はいまだにとりあえず空腹を満たせばよいと軽く扱われている。家庭にいる主婦は朝食の残りものか、あり合わせのもので済ませ、勤めに出る夫や学校に通う子供は給食や軽い外食かコンビニ弁当などで済ませている。現在、昼食を外食、あるいはコンビニ弁当や持ち帰り弁当、菓子パン、サンドイッチなどで簡単に済ます人は二十歳代から四十歳代の男性なら二人に一人以上、女性でも五人に二人弱がそうである。

七　平安貴族が楽しんだ大饗宴

延暦十三年（七九四）に都は平安京に遷されたが、ほどなく朝廷が行う律令政治は衰え、やがて藤原氏一族が政治の実権を握る摂関政治が始まった。権力を握った上流貴族たちは同族の結束を固めるために宴会をしばしば催したが、新年を祝う正月大饗と大臣に任じられたことを祝賀する任大臣大饗とはその代表である。大饗は中国の宮廷宴会を模したものであり、数多くの料理を並べて参会者が酒杯を巡らせる「献」を行い、権力者が自らの威勢と財力を誇示して一族の結束を固めるのが目的であった。古代から人が集まって一緒に飲食をすることには社会秩序を保つという重要な役割があったが、大饗はその役割を儀式化したものであり、その宴席儀礼は次の中世武家社会の式正宴会に受け継がれていく。

永久四年（一一一六）に藤原忠通が内大臣に任じられた折に催した大饗の記録が残されているのでそれを紹介してみよう。まず台盤という朱塗りあるいは黒塗りの中国風のテーブルに料理を所狭しとばかりに数多く並べて、客と主人が台盤を囲んで椅子席につく。酒と肴が運ばれると、まず藤原氏の長者、頼長が杯をとって飲み、その杯を参集した公卿たちに順に巡らせる。これが第一献である。次に二献として客だけで杯を巡らせる。三献は再び頼長より飲み始めて客に杯が巡る。同じ杯の酒を飲み合うことで仲間意識が生まれるのだから、古くから酒は同じ杯で一座の人が回し飲みする習慣であった。上座から順に、杯が一巡するのを「一献」と言い、三つ組の杯を順に使って「献」を三回繰り返すと「三献」になる。

この三献が済むと飯と汁が運ばれてきて饗宴になる。食事が始まってからも献は四献から六献まで続く。饗宴の料理を説明すると（図2-1参照）、まず、台盤の手前に椀に高く盛り付けた飯と箸、匙を置き、塩、酢、酒、醬を入れた小皿を並べる。その向こうに、窪坏という深い器で海月《くらげ》、老海鼠《ほや》、モムキコミ（鳥内臓の塩漬け）、蝙蝠《かわほり》（鯛の塩辛）を並べる。それを取り囲んで、雉肉、鯉、鯛、鱒の切身立盛と鱠、鮑、栄螺《さざえ》、白貝、蟹、雲丹《うに》の生ものと、鮑、蛸、小鳥、魚肉の干物を置く。台盤の向こう側には木菓子（干した果物）と唐菓子（小麦粉や米粉を練って油で揚げた中国伝来のクッキー）を数種類ずつ並べる。料理の品数には客の階級によっ

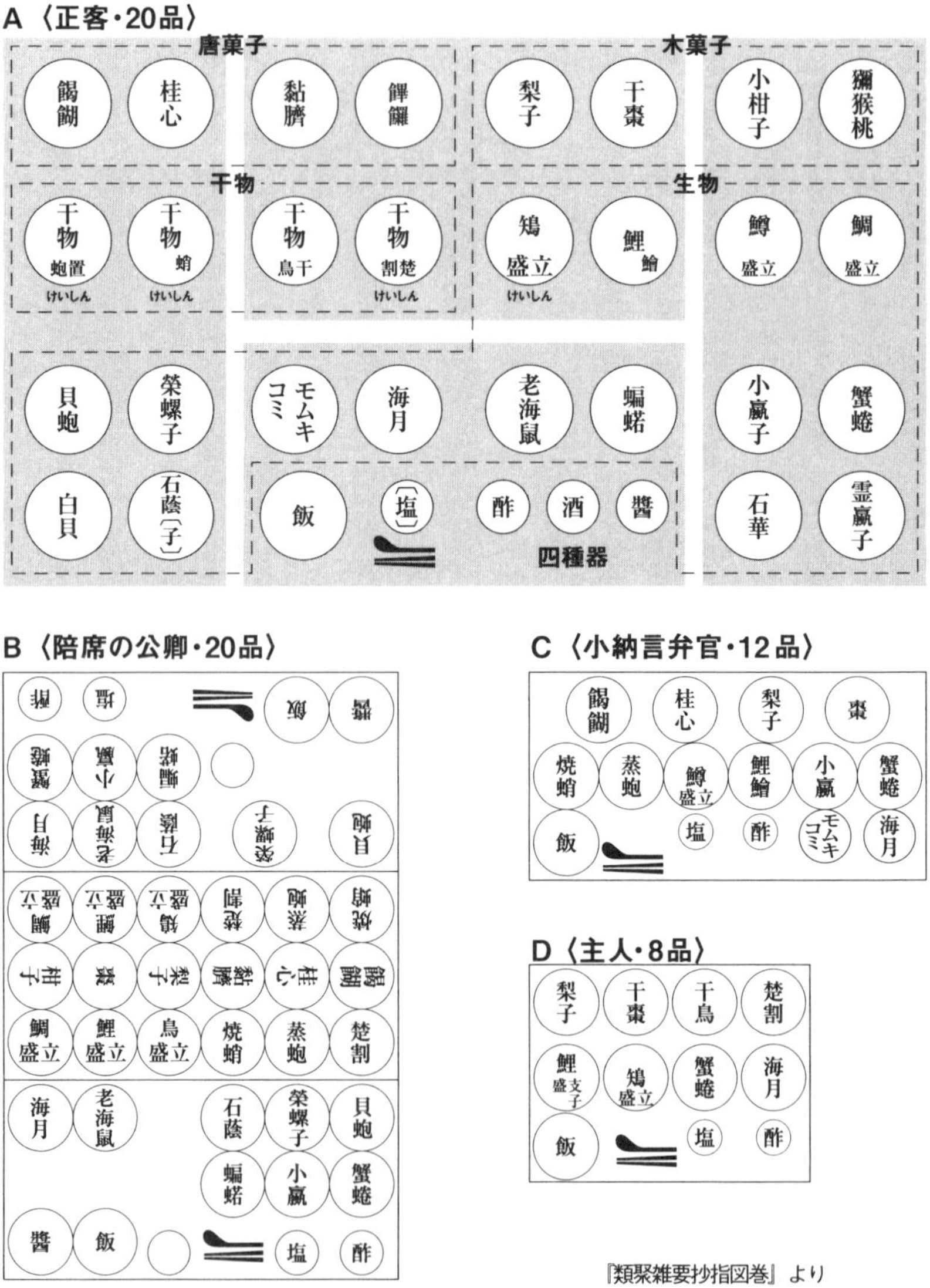

図 2-1　藤原忠道の大饗献立図
（原田信男『和食と日本文化』小学館、2005 年より）

て差があり、皇族などには二十種類の料理と八種類の菓子、合わせて二十八品が供され、陪席する公卿には二十品、少納言など官僚クラスには十二品である。

饗膳には山海の珍味を集めているが、多くは生もの、干物、塩漬け、酢漬けであり、火を使って調理したものは少ない。どれも調味料を使って煮る、焼くなどはしてないから、各自が好きなように小皿に盛られた塩や醤、酢などを付けて食べるのである。今日のように味噌、醤油などを使ってしっかりと味付けをするのは鎌倉、室町時代の精進料理、本膳料理から始まった。

しかし、魚の切り方、料理の並べ方、食べる作法などはすでに厳しく定められていた。大饗は儀礼的性格が強い宴会であるから、神を祭る宮中儀式の有職故実が忠実に守られていたのである。中国風に大きなテーブルを囲んで椅子に座って食事をしたのはこの大饗の宴会だけであり、これ以降は床に座って銘々膳で食事をするのが我が国の習慣になった。箸と匙を使ったのも中国風であるが、後に汁を椀に入れて直接に口を付けて飲む習慣ができると匙は使われなくなった。

大饗の料理は後世の和食の特徴をまだ備えてはいない。米飯と生魚、干魚や塩漬けの魚介類が中心であり、野菜の煮もの、和え物、浸し物や香の物（漬物）はないからである。味噌、醤油、鰹節、昆布などを調味に使うこともまだ行われていない。飯、汁、菜と香の物を組み合わして基本にする形式も整っていない。このような要件を備えた純日本風の料理が誕生するのは室町時代のことになるのである。

饗応の会食が済むと、主客は別の場所に移り、床に円座を敷いて坐り穏座《おんのざ》という酒宴をする。各自の前には衝重《ついがさね》（四角い胴脚が付いた膳）や高杯《たかつき》（円形あるいは方形の膳に一本脚が付いたもの）を据えて酒肴が運ばれる。例えば、木菓子（梨、棗）、干物（干した鳥肉、干し鮑）、生もの（雉肉、蒸し牡蠣）、窪物（くらげ、ほや）

などであり、最後には山芋粥が配られる。公卿たちはこれらの肴で酒を飲み、楽器を奏でて楽しむのである。この酒宴は酒礼、つまり盃事抜きであり、飲めや唄への「無礼講」である。

大饗はもともと中国の宴会形式を模倣したものであったが、後世の日本型宴会の原型になった。鎌倉時代には武士が一族郎党の結束を固める酒宴、室町時代になると武家貴族の式正宴会、現代では結婚披露宴、仏事の会食、客をもてなす接待宴会、友人同士の飲み会などさまざまな宴会があるが、それらはどれも大饗と同じように酒礼、饗膳、酒宴の三要素から成り立っていると言ってよい。宴席の冒頭には酒礼が行われるのであるが、今日では乾杯がこれに相当するだろう。武家社会では主君と家臣の間で杯を三回取り交わす式三献が行われ、これが済まなければ饗膳は始まらなかった。今日の「駆けつけ三杯」という習慣は、酒をまず三献飲まなければ宴が始まらなかったことに由来する。饗膳は今日で言えば会食であり、その後の酒宴は二次会であろう。結婚式で行われる三々九度の夫婦固めの盃、宴会の最初に行われる乾杯や献杯の挨拶、主客が交わす盃の献酬などはどれも大饗の式三献から始まった飲酒の儀式である。

第三章　日本料理を育てた中世社会

一　日本独自の料理文化が産まれる

平安京で栄華を極めた藤原氏が摂関政治を行っていた頃、地方では奈良時代以来の公地公民制が崩壊し、都の公家や寺社が各地に広大な荘園を私有するようになった。これら荘園の代官や国衙領の在地領主が土地を守るために武装したのが武士集団の始まりと言われる。そして、平氏と源氏が都の治安を守る武士の棟梁として勢力を争った結果、源氏が摂関家に代わって政治権力を握り、建久三年（一一九二）、源頼朝が征夷大将軍に任じられると武家が政治を行う中世社会が始まり、足利氏の室町幕府が滅びる十六世紀後半まで約四百年続くのである。

中世はこのように社会構造が大きく変動した時代であるから、人々の食生活もその影響を強く受けて大きく変化した。東国から出て鎌倉幕府を開いた武士たちは農民とさして変わらぬ質素な食事をしていたが、次第に勢力を伸ばして京都に室町幕府を開くころには公家風の贅沢な食事をするようになった。彼ら武家貴族は平安朝から伝わった公家風の大饗料理に禅僧たちが紹介した中国禅院の料理法を取り入れて、本膳料理という宴会料理を生みだした。さらに中国から伝えられた茶の飲用が広まり、茶の湯というわが国独自の文化が生まれると、茶席で会食する簡素な懐石料理が考案された。そして、本膳料理と懐石料理を折衷して会席料理という日本独自の料理形式が次の江戸時代に完成し、今日まで継承されているのである。

米飯を主食にして、野菜と魚の副菜を組み合わせる日本食の基本形式はすでに奈良、平安時代に始まっていたのであるが、料理方法は邪馬台国のそれと変わらぬ至って素朴なものであった。ところが、鎌倉時代に中国から伝来した精進料理の進んだ料理法を取り入れ、安土桃山時代には南蛮人から南蛮料理を習って、日本独自の料理が生まれることになった。本膳料理や懐石料理が考案されて、配膳方法や食事作法が整えられると、始めて日本料理、和風料理と呼ぶにふさわしい我が国独自の料理文化が完成するのである。

仏教伝来とともに始まった肉食の禁止令は、この時代になると肉食は穢れたものという忌避観念に変わって社会に広く浸透し、後世まで続く食事タブーになった。そして、肉を使わない代わりに、魚や野菜を味噌、醤油、鰹節、昆布などでおいしく調理する日本独自の調理法が出来上がったのである。

中世は食料の生産力や流通が大きく発達した時代である。貴族に代わって政治を担当することになった武士は領国の農業経営に熱心であった。大規模な水田開発が進められ、稲を刈り取った田圃に麦を育てる二毛作が始まった。牛馬を使う耕作、草木灰などの施肥、水車による灌漑などが普及して、米の反当たりの収量は一石五斗程度に倍増した。米の収穫量が増えたので公家、僧侶と武士は米飯を常食するようになったが、農民は米を年貢として領主に納め、税のかからぬ麦、粟、稗、蕎麦などの雑穀を主食にしていた。

野菜や果物、魚介類などの生産も増え、それらを売るために京都、鎌倉や諸大名の城下町、寺社の門前や街道の要衝には定期的に市が開かれ、食料の運搬、中継をする問屋《といや》や米座、酒座、油座、塩座、魚座などの同業者組合ができた。中世末には常設の店を構えて豆腐、素麺、味噌、饅頭などを売る商人も現れる。地域間の商業流通が盛んになり、甲州の葡萄、紀州の蜜柑、宇治、駿河の茶、伊予の鰯、北海道の昆布、越後の塩引き鮭、隠岐の鮑、琵琶湖の鮒、淀の鯉などが特産品として取引された。
宋や元から帰朝した学僧たちが紹介した饂飩、索麺、饅頭、羊羹などの中国の点心は小麦粉、山芋、葛粉などを練って成形し、茹でる、蒸す、油で焼くなどした軽食であり、わが国における粉食文化の始まりとなった。安土桃山時代に南蛮船貿易により砂糖が輸入されるようになると、カステラ、コンペイトウ、カルメラなど砂糖を使った南蛮菓子が作られた。
酒の醸造は生酛造り、諸白、段仕込み、火入れなど今日も使っている技術が開発されて商業生産が行われるようになり、応永三十二年（一四二五）、京都には三百四十二軒の造り酒屋ができていた。また、酒造りは寺院でも盛んに行われ、天野酒、菩提泉などの僧坊酒は良質で評判がよかった。酒の醸造量が増えてくると飲酒の習慣が広まり、室町時代の公家、武家、僧侶などは毎日のように酒宴を開いていたらしい。婚礼の席で三三九度の盃を交わす習慣はこのころから武家社会で始まり、次第に庶民にも広まった
中世はこのように新しい食文化が発展した時代であったにもかかわらず、米や野菜を生産する農民たちの食生活は相変わらずに貧しいものであった。古代がそうであったように、新しい食文化は裕福な支配階級だけが享受できたものであり、民衆には無縁であった。在地領主が支配する村や郷で暮らす農民は、収穫した米のほとんどを年貢として供出し、自分たちは雑穀に菜を炊き込んだ雑炊を食べて過ごしていたのである。本願寺の蓮如上人でさえ奥州地方を巡教した折に農家で受けたもてなしは稗粥であったと伝えられている。頻発する飢饉と戦乱により多くの食料難民が発生して都に押し寄せ、餓死するものが数知れなかった。鎌倉時代の初め、鴨長明はその著「方丈記」に「五穀稔らず　飢え死にするもの多し」と、平安京の人口の五分の一にも及ぶ餓死者が出たことを書き留めている。

黒沢明監督の名作映画「七人の侍」には室町時代末期の農民の貧しい食生活が描かれている。米の飯を食べさせるという約束で侍を雇い、村を野武士の略奪から守ろうとする百姓の話である。雑穀の雑炊で我慢している百姓が食わせてくれた一椀の白い飯のために命を投げ出す侍たちの物語は、とても作り話とは思えない。

二　精進料理が起こした料理革命

奈良、平安時代の素朴な調理を劇的に進化させて日本料理の基礎になったのは、宋から帰朝した栄西や道元などの禅僧が紹介した中国禅宗寺院の僧坊料理であった。寺院の食事である精進料理は仏教の殺生戒を厳重に守り魚介や肉を使用しないで、その代りに穀類、豆類と野菜をおいしく味付けることに優れていた。この精進料理の調理法を取り入れて、本膳料理、懐石料理、会席料理という日本独自の料理が生まれるのである。

禅宗寺院では食事を作ること、食することは座禅をすることと同じ大切な修行であると考えられている。曹洞宗の開祖となった道元は食事をすることの意義を説いた最初の思想家であると言ってもよい。道元は「法は是れ食、食は是れ法」であると考えて典座教訓《てんぞきょうくん》と赴粥飯法《ふしゅくはんぽう》を著述し、食が心と一体になるように調理し、作法を守って食べることが重要であると教えた。私たちが食前食後に「いただきます」「ごちそうさま」と食べ物に感謝するのは、赴粥飯法で教えている作法である。懐石料理など後世の日本料理の文化にはこの禅の思想に発しているものが多い。

禅寺の精進料理は「三徳六味」、「調理の三句」を守って調理される。三徳とは食味の軽軟（あっさり、やわらか）、浄潔（清潔で穢れなし）、如法（理にかなった調理）を意味し、六味とは苦、酸、甘、辛、鹹、淡の六味を生かすことを意味する。三旬とは材料の旬、手法の旬、味付けの旬を大切にすることである。これに倣って、四季折々の食材を使い、その持ち味を生かして、味を柔らかく、清潔に調理することが和食を調理する基本になったのだと言ってもよい。「形」を重んじ、「道」を究める禅寺の食事思想は後世の日本の食事文化に大きな影響を残したのである。

精進料理では殺生戒を守るために魚鳥を一切使わず、その代わりに大豆タンパクが豊富な豆腐、湯葉などを油で揚げて魚鳥の肉に近い味を楽しむことが多い。豆腐を崩して細かく刻んだ牛蒡、人参、椎茸、銀杏などを包み、胡麻油で揚げて煮しめた「雁もどき」はその一例である。また、魚鳥肉に比べてうま味の少ない野菜を昆布と鰹節の出汁でおいしく煮る、あるいは磨り胡麻、胡桃、味噌、豆腐、酢味噌などで和えるなどの工夫をする。酢味噌、山葵酢、辛子酢など和え酢を使った酢の物もそうである。胡麻、味噌、豆腐などを擂るのにはこの頃中国から伝えられた擂り鉢が役立った。饅頭は禅僧が食事と食事の間に食べる点心（茶の子、軽い食事）であったが、肉餡の代わりに小豆餡を包んで茶席の茶菓子に使った。ついでながら、赤飯や餡の材料に小豆を好んで使うのは日本人だけである。

精進料理が普及するとともに、後世の日本料理に欠かせない食材になったのは豆腐、納豆、味噌などの大豆加工品と胡麻油である。胡麻、菜種、大豆、榧、椿などから絞る油はそれまで主に燈明用に使われ、食用にはほとんど使われていなかった。生麩や豆腐を胡麻油で揚げた揚げ物は代表的な精進料理である。てんぷらは室町時代の末期に南蛮船が来航して紹介した揚げ物料理である。

豆腐が中国で考案されたのは唐の時代であるらしく、日本では室町時代から盛んに作られるようになった。水に浸して膨らませた大豆を石臼で磨砕した汁を温めたのが豆乳であり、苦汁を入れて凝固させれば豆腐になる。苦汁を入れずに煮立てて、鍋の表面に浮かぶタンパクの皮膜を引き上げて乾かしたものが湯葉、小麦粉を水と塩で練って分離させたタンパクを蒸したのが生麸、焼いたのが焼麸である。どれも精進料理によく使われ、日本料理に欠かせぬ食材になった。豆腐や湯葉あるいは味噌は動物性タンパクに劣らない良質の大豆タンパク質を多く含んでいるから、肉や魚を使わない精進料理には欠かせないのである。

味噌の原型は中国の醤《ジャン》であり、米、麦を塩漬けにして発酵させた唐醤と大豆を原料にする豉があった。飛鳥時代に朝鮮半島から渡来してきた人たちが豆を原料にする高麗醤の製法を伝えた。最初は嘗ものであった粒状の醤、つまり未醤（味噌）を味噌煮など料理に使うようになったのは鎌倉時代からであり、擂り鉢で擂った味噌を味噌汁にして飲むことは室町時代に始まった。

納豆は奈良時代に中国や朝鮮から伝来していたが、鎌倉時代に寺院で点心として食べていたのは大豆麹を塩漬けにして醗酵させた塩納豆である。現在の糸引き納豆が日本で生まれたのは室町時代らしいが、はっきりとしない。大豆を煮て、稲藁で包み一～二日醗酵させると、藁についていた納豆菌が繁殖して糸を引く粘りのある納豆ができる。

南北朝の頃に書かれた「庭訓往来」には精進料理として、汁物は豆腐汁、雪林菜（おから）、自然薯汁、筍、山葵《わさび》の冷汁、煮物は牛蒡煮染、蕗の煮染、昆布、あらめ煮、蕪煮物、筍蒸し、酢の物は蕪酢漬、酢漬茗荷《みょうが》、茄子の酢和え、胡瓜甘漬、酢若布、煎りものとして煎り豆、松茸酒煎、平茸の雁煎り、菓子として生栗、蜜柑、串柿、干棗、瓜、菱、慈姑《くわい》、点心にはうどん、饅頭、そうめん、碁子麺などが紹介されている。

平安朝の大饗料理では魚鳥を豊富に使い、品数を多く揃えたが、調理法は簡単、素朴なもので、料理らしい料理ではない。ほとんどが、生の鱠、焼いたもの、茹でもの、干物、塩漬けであり、味付けはされていない。だから、これらの冷たい料理を小皿に用意した塩、酢、醤などで各自が味付けして食べていたのである。しかし、この時代から野菜、穀物、海藻などに味を付けて調理した煮物、和え物、酢の物、揚げものなどに変わり、汁物は湯気が立つ温かいうちに飲むようになった。中国禅寺から伝えられた精進料理の影響を受けて、わが国古来の素朴な調理が「料理」に進化したと言ってよい。料理とは人間が食物にいかに手を加えるかを競う文化なのである。

当然ながら、このように優れた料理法は僧坊だけには留まらず、武家や民衆の間にも次第に普及していった。私たちが明治期まで食べていた伝統的な日本料理は、獣肉を使用しないことと、野菜の料理がおいしいことが特徴であると言ってもよいが、どちらもその源流をこの時代の精進料理に発しているのである。

三　日本料理の始まりは本膳料理

京都から遠く離れた鎌倉に開かれた鎌倉幕府では京風の華美な生活を避け、衣食住、特に食事については質素倹約を励行した。玄米飯を食べ、狩りで獲った鳥獣の肉がご馳走であったらしい。将軍、源頼朝が家臣から鮭の楚割（干した切身）を贈られて非常に喜んだという話、執権、北条時頼が夜中に来訪した客と台所の味噌を肴にして酒を飲んだという逸話などから、当時の鎌倉武士の食事がいかに質素なものであったかを想像できる。

当時、有力御家人が正月に将軍を自邸に招いて椀飯《おうばん》で接待する風習があった。椀飯はもともと宮中の蔵人所に出仕する武士に支給された食事であり、飯に打鮑、くらげ、梅干し、それに塩と酢を添えた簡単なものである。治承五年（一一八一）の正月、千葉介常胤が頼朝を接待した椀飯は飯と鯉一匹の料理という質素なものであったと記録されている。幕府の権力者であっても日常の食膳の品数は少なく、華美な料理や酒宴は自粛していたのである。

しかし承久の乱の後、幕府の支配が全国に及ぶようになってからは、平安貴族の大饗料理と禅宗寺院の精進料理を組み合わせ、料理内容、給仕様式を整備した本膳料理が考案されて、上流武家の式正料理（公式の宴会料理）になった。大饗は中国の宴会に倣った饗宴であり、精進料理は中国禅院の日常料理に学んだものであったが、武家の本膳料理は初めて我が国で考案された宴会料理であり、日本料理の始まりであると言ってよい。

室町幕府の重臣が足利将軍を自邸に迎える御成りの宴会では、膳をいくつも並べて品数多くの料理を載せた豪華な本膳料理が供応された。客の正面に据える本膳には飯と汁と菜を数品載せ、その右に二の膳、左に三の膳を並べてそれぞれ別の汁と菜を載せて供するのである。七の膳まで並べれば、料理の品数が八汁二十三菜にもなるという贅沢なものになる。

では、どのような料理が並んでいたのであろうか。明応六年（一四九七）に書かれた「山内料理書」を見てみると、本膳には塩鮭の焼き物、雉の焼き物、青菜で和えた鱠、鮓と汁、合計して一汁四菜を並べ、飯と香の物（漬物）を載せる。二の膳には、鯛の塩焼、さざえ、蛸の煮物、それに鯉の汁と醤油味の雉汁を加えて二汁三菜を並べる。三の膳には魚の冷たい汁と小鳥と貝の煎り煮、烏賊の一汁三菜と曲げ物に入れた飯を出すとある。

そのほかに、客が取りまわして自分の椀に取り分ける引物料理として、雁の熱汁、かまぼこ、鮭の筋子、鱚の焼き浸し、がざみ、山芋のとろろをかけた鯛刺身、干魚、さざえ、牡蠣が加わる。焼物や鱠は皿や椀に季節の木の葉や紙を敷いて盛りつけ、かまぼこや貝には紙細工の飾りを付けるなど、料理を美しく見せる演出を凝らすのである。

永禄四年（一五六一）、将軍、足利義輝が家臣の三好義長邸に御成りしたときの式次第が詳しく記録されている。まず、正午過ぎに将軍と従者が到着すると、将軍と主人の義長が主従の杯を三度交わす式三献の酒礼が始まる。初献の肴は雑煮、鳥、干魚、二献にはのし鮑、つべた貝と鯛の吸い物、三献にはするめと蛸の吸い物である。次は饗膳になり、七の膳まで並べる本膳料理で八汁二十三菜と菓子八品が供された。饗膳が済むと演能を観賞しながら酒を飲む酒宴になるが、膳の料理と能の曲目を取り替えて酒を飲むことを四献から十七献まで夜を徹して繰り返したから、最後の十七献が済んで将軍たちが帰館するのは翌日の昼前になった。平安公家が行っていた大饗の宴会がこのような武家貴族の式正饗宴に発展したのである。

文禄三年（一五九四）、豊臣秀吉が前田利家の邸を訪ねた時の饗宴の献立は、型どおりの式三献の後、五つの膳を並べる本膳料理で三汁二十七菜と、引き物、菓子十八品が供され、酒宴は四献から十三献まで繰り返されている。

この後、登場してくる茶の湯の席の懐石料理、江戸の料亭で楽しまれた会席料理はどちらもこの本膳料理を簡素化したものである。そして、飯、汁、菜、香の物の四点を組み合わせる本膳料理の形式が、この時代以降、第二次大戦前まで伝統的な日本料理の基本形となって続くことになる。

そして、食材や調味料としては味噌、醤油、鰹節、昆布、豆腐、湯葉、麩、油揚げなどが欠かせないものになり。また、宋から導入した磁器を作る技術により壺、甕、鉢、土鍋、擂り鉢、土瓶、小鉢、皿などが整えられ、釜、鍋、包丁など鉄製の炊事道具が普及した。このように料理方法が複雑になるにつれて、料理を専門とする包丁人、調菜人が必要になる。包丁人とは魚鳥を扱う料理人、調菜人は精進料理を調える料理人のことである。我が国では、古代から江戸時代になるまで料理をするのは男の仕事とされてきた。貴族や大名の屋敷あるいは寺院の台所で、または民間の料理屋で包丁を捌き、煮物を作り、盛り付けをする料理人はすべて男性であり、女性は洗い物など下働きをした。もちろん、商家や農家で飯を炊き、味噌汁や漬物を作るのは女性であったが、それは食事の支度をすることであり、料理をするのではないと考えられてきた。

それと共に、包丁、まな板、箸の扱い方、調理方法、料理の配膳、食事の席の作法などに様々な決まりごと、約束ごとが生まれ、それを奥義、秘伝として取り仕切り、家職として伝承する包丁流の家がいくつも生まれた。公家社会には四条流、武家社会には進士流、大草流、山内流などである。料理をすることは和歌、能楽を嗜むのと同様に上流武家の教養となり、烏帽子と裃姿の主人あるいは料理人が客人の前で右手に包丁、左手にまな箸を持って魚をまな板の上で恰好よくさばいて見せる儀式を宴席のパフォーマンスとして行うこともあった。

本膳料理（中央が本膳、右が二の鯛、左が三の膳）

本膳料理（懐石膳の本膳（左）と二の膳）

図 3-1　本膳料理は日本料理の基本形
（熊倉功夫『日本料理の歴史』吉川弘文館、2007 年より）

（庖丁人）

（調菜人）

酒飯論（国立国会図書館蔵本より）

図 3-2　室町時代の厨房風景
（熊倉功夫、石毛直道編『外来の食の文化』ドメス出版、1988 年より）

四　茶の湯と懐石料理

弘仁六年（八一五）、大僧正永忠が唐より持ち帰った茶を煎じて嵯峨天皇に献じたのがわが国で茶を飲用した始まりである。しかし、当時の茶は薬用として用いられ、日常の飲み物にはならなかった。伝来したのは団茶という醗酵茶であったから日本人の嗜好に合わなかったとも考えられる。

それから三百年を経て鎌倉時代の初期に、私たちにも馴染みがある抹茶が伝えられた。臨済宗の開祖になった禅僧、栄西が宋から茶樹の種を持ち帰って栽培し、喫茶養生記を著して抹茶の製法や喫茶の効用を紹介したのである。抹茶は若い茶葉を蒸して乾燥させ、臼で挽いて粉末にしたもので、醗酵はさせていない。栄西から茶の種を譲り受けた禅僧、明恵が京都洛外の宇治で茶樹を栽培したのが宇治茶の始まりである。

はじめ、寺院で仏前に茶を献じる儀式、茶礼から始まった喫茶の習慣は、南北朝時代になると武家社会、町人社会に広がり、寄り集まって茶を飲み、茶の産地などを飲み当てる闘茶で遊び、連歌をして酒盛りを楽しむ茶会（茶寄合）が流行した。やがて、このような茶会は、「侘び」「さび」を重んじる東山文化の影響を受けて「茶の湯」に変わっていく。喫茶の作法が村田珠光、武野紹鴎、千利休などによって極められて日本独自の「茶の湯」、茶道に育ったのは、栄西がわが国に茶を再紹介してから四百年経った室町時代末期のことである。

茶の湯では清寂な「侘び」の境地を重んじる。主人と客が世俗の身分を忘れて狭い茶室に坐り、一つの茶碗で茶を飲み、和敬清寂、一期一会の時間を楽しむのが茶の湯の極意である。茶を喫する作法を極めた茶の湯は、心に始まり、心に終わるから「茶道」とも言われる。武道、芸道、書道などがそうであるように、日本の伝統文化には「形」を極めて「道」に至る共通した特性がある。

初期の茶会は茶を飲んだ後で贅沢な本膳料理と酒宴を楽しむものであったが、侘び茶の茶会では茶を心静かに味わうことに重点を置くため、茶の湯に先立ち亭主が自ら簡素な料理で客人をもてなすようになった。それが懐石料理の起こりである。

そもそも、懐石とは禅の修行僧が温石を懐に入れて空腹を紛らわせたことから出た語であり、懐石料理とは空腹を紛らわす軽い食事を意味する。基本的な献立は飯、汁、向付、煮物、焼き物の一汁三菜であり、本膳料理を簡素化したものと考えてもよい。ただ、本膳料理では全ての料理をいくつもの膳に同時に並べるのに対して、懐石料理で使う膳は一つあるいは二つであり、そこに料理が一皿ずつ運ばれ、一皿を食べ終われば次の料理が運ばれる。前菜、スープ、魚料理、肉料理、サラダ、デザート、コーヒーと順に運ばれてくるフランス料理と同じ給仕方式である。本膳料理には平面的な広がりがあり、懐石料理には時系列的な展開があると言ってよい。懐石料理が考案されたことにより日本料理はほぼ完成の域に近づいたのである。

懐石料理では料理のすべてを残さず食べきれるように、無駄な飾りものはしない。もっとも大切なことは、茶の湯の精神に則り、料理は簡素であってもできる限りのもてなしの気配りをすることである。必然的に、四季の季節感のある旬の材料を使い、料理と器が調和するように美しく盛り付け、タイミングよく給仕することになる。この後、江戸時代に流行することになる会席料理では料理の品数が増えて贅沢になるが、この懐石料理のもてなしの精神は変わることなく受け継がれている。

天文十三年（一五四四）、利休が催した茶会で出された料理は一汁三菜である。膳には向こう側に麩の煮物と独活《うど》の和え物を置き、手前には飯、豆腐と土筆《つくし》を入れた汁を並べる。このほかには、一人ずつ取り回す引物料理として酢くらげがあり、菓子は蛸の煮しめと栗、榧の実の三種である。永禄二年（一五五九）の茶会では、鰹と鯛の和え物を大皿に盛り、調味料として手塩を添える。それから、引物として加雑鱠、白鳥と筍の煮物、それに飯と野菜の汁が出されたから、やはり一汁三菜の簡素な献立である。引物とは器に入れた料理を客から客へ手渡しで廻し、各自が取り分けるものである。

天正十五年（一五八七）、豊臣秀吉は朝鮮出兵に際して博多の豪商、神谷宗湛の邸で懐石料理をもてなされた。この時の料理は、麩と白鳥の汁、山椒を添えた香の物、飯、白鳥と大根、生姜の鱠、鮎の塩焼き、刻み生姜を添えた生鮑、ささげ豆と茄子の胡桃和えであり、最後に菓子として胡桃、松の実、桃、たたき牛蒡、麩の煮しめが出されたと記録されている。

時代は江戸時代になるが、享保十八年（一七三三）、表千家家元、宗左が開いた茶会の懐石料理は一汁三菜である。最初に鯛の刺身に大根おろしと生姜を添えたもの、豆腐と独活を入れた汁と飯の膳が出る。そのあとから、串に刺した海鼠《なまこ》と梅干しの煮物椀、重箱で取りまわす鮎の焼き物、瓜の香の物、最後に猪口に入れた揉み瓜、塩松茸と柚子の吸い物が給仕される。菓子は葛饅頭であった。

五　南蛮料理というグルメ旋風

西欧諸国の料理や食材がわが国に伝えられた始まりは近世の初頭、安土桃山時代である。一四八八年、ポルトガル船が喜望峰回りのインド航路を開拓し、一四九二年にコロンブスがアメリカ大陸を発見すると、ポルトガル、スペイン、オランダそしてイギリスなど西欧諸国が競って大西洋に乗り出して地球規模の交易を行う大航海時代が始まった。食の世界史において、この時、ヨーロッパに持ち込まれた東南アジア産の香辛料、新大陸原産のジャガイモ、トウモロコシ、トマトなどがヨーロッパの食生活を大きく変えたことはよく知られている。

わが国に西欧人が来航したのは、天文十二年（一五四三）、ポルトガル船が大隅半島に近い種子島に漂着して鉄砲を伝えたときが最初である。続いて多数のイスパニアやポルトガルの宣教師たちが次々に来航して耶蘇教（キリスト教）の布教に努めた。彼らがもたらした西欧の文化は南蛮文化、料理は南蛮料理と言われている。

当時は足利将軍家の権威が地に落ち、身分は低くても実力のある武将や商人たちが新しい支配者となる下剋上の時代であり、新しく為政者となった武将たちは宣教師たちが紹介するヨーロッパの肉料理や砂糖菓子などに大きな興味を示した。肉料理を食べることは仏教の殺生戒に反していたが、新規にして美味なるものだと意に介さなかった。

永禄十二年（一五六九）、織田信長は京都二条城でポルトガルの宣教師フロイスを謁見した時にガラス瓶に詰められたコンペイトウを献上されて喜んでいる。日本の代表的な揚げ物料理であるてんぷらはポルトガル人から伝えられたのであるが、語源ははっきりしない。元和二年（一六一六）の正月、京都の商人、茶屋四郎次郎が徳川家康に流行の南蛮料理ですと紹介したてんぷらは、鯛を榧の油で素揚げしたものであったが、後に江戸で流行するようになるのは小麦粉の衣を付けた揚げ物である。

大名たちは禁じられていた牛肉料理を喜んで食べたらしい。キリシタン大名、高山右近は小田原征伐の陣中で牛肉料理を細川忠興と蒲生氏郷に食べさせている。細川忠興は南蛮料理が気に入り、自邸で鶏肉とオリーブ油を使ってパエリヤなどを作らせていたと伝えられている。慶長十八年（一六一三）、平戸の城主、松浦鎮信はイギリス商船長より牛肉、豚肉、鶏、ビスケット、パン、ワインなどを献上されて大いに喜んだという。享保元年（一七一六）、八代将軍になった徳川吉宗はオランダ商館から牛肉、ハム、バター、ワイン、ビールなどを献上させて試食したらしい。

南蛮料理に興味を示したのは大名たちだけではなかった。永禄十年（一五五七）、キリシタン大名、大友宗麟の領地大分では四百人のキリスト教信者が牛肉とオリーブ油、サフランを入れて炊いたパエリヤで復活祭を祝っている。平戸や長崎には多数の南蛮人や唐人（中国人）が居留していたから、一般民衆にも南蛮料理、唐人料理に親しむ機会が多くあった。同様に、長崎に留学した蘭学者、画人などにも南蛮料理を食べた人は多い。

当時、唐人たちが客人をもてなした料理の名残が今も長崎名物となっている卓袱《しっぽく》料理である。卓袱とはベトナム語で食卓のことであり、膳を使わず卓袱台を囲んで数人が大皿に盛られた中華風の料理を取り分けて食べるのである。出島のオランダ商館ではオランダ正月（新暦の正月）に、通訳や書記とその家族、町役人、出入りの商人などを招待して、野牛の腿丸焼き、焼き豚、魚のフライ、ハム、鶏のカツレツ、鴨の煮物、海老のスープ、カステラ、タルトなどオランダ料理を御馳走する習慣があった。寛永十六年（一六三九）、三代将軍家光が鎖国を断行した後も、外国に向かって開かれた唯一の窓になった長崎の住人たちはオランダや中国の食文化を積極的に取り入れることを止めなかったのである。

南蛮交易で盛んに輸入されたものは砂糖である。砂糖がわが国に運ばれてきた最初は天平勝宝六年（七五四）、鑑真和尚が来朝した時である。鑑真が孝謙天皇に風邪薬として献上した砂糖は僅か二キログラムであったから、砂糖がいかに貴重なものであったかが分かる。八代将軍吉宗が奨励して国産の砂糖が作られるようになるまでは、中国から輸入する砂糖に頼っていた。輸入量が急に増えたのは南蛮交易がはじまってからであり、オランダ船と唐船が日本に運んだ砂糖は年間千百万斤（六千六百トン）にもなったらしい。砂糖の値段は高く、一斤（六百グラム）が米二斗（三十キログラム）に相当した。カステラ（加須底羅）、ボウロ（芳露）、カルメラ（浮名糖）、アルフェロア（有平糖）、コンペイトウ（金平糖）など砂糖を多量に使った甘い南蛮菓子は人々を強く魅了したのである。因みに幕末の砂糖の消費量は和菓子の生産量が増えて五千万斤、三万トンになっているが、一人あたりにすれば九百四十グラムで現在の消費量の二十分の一にも及ばない。

この頃、南蛮船、唐人船でわが国に持ち込まれた野菜はサツマイモ、トウモロコシ、ジャガイモ、カボチャ、スイカ、そして、胡椒とトウガラシである。サツマイモはコロンブスがアメリカ大陸で発見し、スペイン船やポルトガル船により中国や東南アジアに伝えられた。わが国では元和元年（一六一五）、オランダ人、ウイリアム・アダムスが琉球から持ち込んで平戸で栽培したのが最初であり、薩摩藩で広く栽培されたのでサツマイモと呼ばれていた。後に、八代将軍吉宗が農学者、青木昆陽に命じて救荒作物として広く栽培させたことはよく知られている。

同じく、アメリカ原産であるトウモロコシとジャガイモも伝来したが、広く栽培されるようになるのは明治になってからである。カボチャも原産地は南アメリカであるが、十六世紀にヨーロッパに伝えられ、ポルトガル人によって日本に伝来した。カンボジアの作物であるというのでかぼちゃと呼ばれ、唐の茄子だというのでとうなすと呼ばれたが、広く食べるようになったのは江戸時代になってからである。西瓜はその名の通り西域から中国に伝えられた瓜であり、江戸時代初期になると京都や江戸で栽培するようになった。ペルシャ原産のホウレンソウやアフガニスタン原産のニンジンもこの時代に中国を経由して日本に伝わってきたらしい。

大航海時代に西欧人が争って求めた香辛料、胡椒も南蛮船で持ち込まれたが、わが国では新鮮な魚介類や野菜を食べていたから、塩漬け肉の悪臭を消す胡椒のような強烈な香辛料は不要であった。同じく、南米原産のトウガラシは別名を南蛮胡椒、あるいは高麗胡椒というように、南蛮船が持ち込んだとも、豊臣秀吉の朝鮮出兵の折に持ち帰ったともいわれている。素材の持ち味を生かすマイルドな料理に慣れていた日本人にはトウガラシの強烈な辛みは受け入れにくいものであったが、焼きトウガラシに麻の実、山椒、黒胡麻などを混ぜて擂り合せて辛みを抑えた七味唐辛子は江戸っ子がうどんやそばを食べるのに欠かせぬ薬味として使われた。ついでながら、トウガラシを多量に使う朝鮮の漬物、キムチは第二次大戦後、日本に持ち込まれて今や漬物類では生産量が最も多くなっている。

六　南蛮人宣教師が驚いた日本の食生活

安土桃山時代には多数のポルトガル、スペイン、さらにオランダ、イギリスから貿易船が来航し、同行したキリスト教の宣教師たちは日本各地を巡回して布教した。彼らの滞在中の日記や本国への書簡には当時の日本人の食物、食事についての記述がある。日本人にはごく当たり前の食事習慣であるが、彼ら外国人は奇異に感じて記録したのであろう。当時の民衆の食生活を知ることができる貴重な資料であるから、村上直次郎訳「耶蘇会士日本通信」などから一部を抜粋、要約してみる。

天文二十一年（一五五二）、ポルトガルの宣教師、ガスパル・ヴィレラの本国への通信書簡には、

「戦争が絶えないので耕地は荒れているが、米は多量に採れるから主要な食料である。そのほかには小麦、粟、大麦、大豆、空豆などがあり、野菜は蕪、大根、茄子、チシャだけ、果物は梨、柘榴、栗があるが少ない。人々は肉より魚を好み、魚は沢山に獲れ、美味である。……日本人は私たちのように一つの食卓で食べないで、清潔な小さい膳に料理を載せて食事をする」

永禄八年（一五六五）、ポルトガルの宣教師ルイス・フロイスは、

「日本人の常食は米及び野菜であり、海辺に住むものは魚を生で食べることを好む。人々はお互いに供応し合うことが多く、そのための儀礼、作法の本を調べている」

同じ頃、イタリアの宣教師、ヴァリニヤーノは

「食事の方法や料理について理解することができない。その方法は重々しく、われらの食事と何一つ類

似点がない。各人は一人あての食卓（銘々膳のこと）で食事をし、テーブル掛け、ナプキン、ナイフ、フォーク、スプーンはない。箸と称する二本の小さな棒を清潔、巧妙に使って食べ物を皿から膳に落とすことがない。極めて慎ましやかに礼儀正しく食事をし、食事に関する作法には多くの規則がある。彼らの食物と調理法については、材料でも、味でも、全くヨーロッパのものと類似するところがない」

天正十二年（一五八四）、宣教師ロレンソ・メシヤの書簡には、

「食物は他の国民と全く異なり、果物も甘いものは食べない。油、酢、香料を使ったものは食べない。牛乳とチーズは有害なものであると嫌い、塩だけで味を付けている。人々は米と野菜、貝を塩で味を付けて多く食べる。暑いときでも熱い湯を飲み、酒も温めて飲む」

慶長十四年（一六〇九）、ドン・ロドリゴ・デ・ピペロ・イ・ペラスコは「日本見聞録」に、

「常食は米及び大根、茄子などの野菜で、稀に魚を食べる。日常の食料は米で、狩猟で獲った鳥獣以外の肉は食べない。鹿、兎、鶉、鴨など川や湖で獲れる鳥獣は多い」

宣教師、クラッセは「日本西教史」に、

「日本では五月に麦が熟し、九月に米を収穫する。米は一般国民の常食である。日本人は牛肉を忌み嫌い、牛乳を飲むのは生血を吸うようだと嫌い、バターをつくる術も知らない。牛馬は多くいるが、牛は農事用に使い、馬は戦場で使うだけである。狩猟の時期に得られる獣肉以外の肉は食べない。……魚肉は日本人の常食であり、魚は河川、海湾で多く獲れ、美味である。オリーブの木がないからオリーブ油は産しない」

「日本人の食膳は清潔で美しい。方形で低い脚が付いた膳を一人一人が使う。……箸を上手に使って、

食べ物を落とすこともなく、手も汚さない。箸は象牙、杉、その他の香木で作られ、長さは一尺である」

彼らは言い合わしたように、日本人が牛肉を食べずに、米飯と生魚や焼魚、野菜の煮物を畳に座って小さな膳と箸を使って器用に食べることに驚いているのである。それは、明治維新になり、諸外国を視察して帰朝した福沢諭吉が「西洋衣食住」を著して、「西洋人は箸を用いず、肉類その他の品々大切に切りて平皿に盛り、銘々の前に並べたるを、右の手に包丁を持ちこれを小さく切り、左手の肉刺に突掛けて食するなり。包丁の先に物をのせて直ちに口に入るるは甚だ不行儀のこととせり」と西欧の食事風景を物珍しそうに紹介しているのと好対照である。私たちも日常当たり前のように行っている食習慣を外国旅行で見聞きした海外諸国のそれと比較、対照してみて、初めて東西の食文化の違いが大きいことに気づかされるのである。

七　本膳料理が民間に普及する

安土桃山時代は永禄十一年（一五六八）に織田信長が京都に入ったときから、慶長八年（一六〇三）に徳川幕府が開かれるまでのわずか三十年間であるが、中世社会から近世社会に移行する激動期であった。そして、それまで知らなかった西欧人が来航してキリスト教思想と文物を紹介した時代でもあった。

食文化の世界においても、古代から中世にかけて中国、朝鮮の食文化を積極的に受け入れ、ようやく独自の和食文化を形成したところに、突然に見知らぬ西欧の食文化の洗礼を受けたのである。この時代を駆け抜けた信長、秀吉、家康は従来の習慣に拘泥することなく、新奇なものを試してみる食生活をしたのではなかったかと想像するが、記録に残っているのは彼らが催した饗宴に出された本膳料理の献立である。

天正十年（一五八二）、五月十五日と十六日の両日、織田信長は武田勝頼の討伐に協力した徳川家康を安土城に招いて供応した。両日ともに夕食には五の膳まで揃えた本膳料理で饗宴が行われた。初日に使われた食材は鯛、鯉、鮒、鰻、蛸、鱸、鱧、まなかつを、うるか、鮑、ほや、わたり蟹、するめ、鴨と雉の胸肉と多彩であり、野菜は山芋、椎茸、牛蒡、菓子にはようひもち、豆飴が使われた。十六日には塩引き魚、鯛、鱧、鯉、蒲鉾、なまこの干物、鮑、海老、からすみ、さざえ、蛸、ばい貝、数の子、鯨汁、鳥肉は白鳥、青鷺、鴫、野菜は筍、瓜、独活、椎茸、菓子は羊羹などである。ついでながら、この時、供応役を務めた明智光秀がわずか半月後の六月二日、京都本能寺に宿泊していた織田信長を襲撃したことはよく知られている。

天正十六年（一五八八）、豊臣秀吉は聚楽第に後陽成天皇の行幸を仰いだ。「行幸御献立記」によると、四月十五日には、初献の肴は小串と鱧、二献はにし、鳥、鯉、三献はきざみもの、海苔、すいせん、四献はからすみ、鮑、刺身、白鳥、五献はすりもの、きざみもの、かたのわ、六献はくまびき、塩引き、鮓、酒びたし、するめ、七献は海苔、酢大根、饅頭、八献は巻するめ、山椒鯉、鶴の和え物、九献は川物、鮒である。四月十六日には、初献を塩引き、香の物、鱠、鮓、いもこみ、御飯、二献はからすみ、はす、鰡刺身、くらげ、鯛、鶴汁、三献は干鱈、山椒鱧、かんそう、鳥、鮑、鯆、四献は酒びたし、にし貝、かまぼこ、鱸、五献は鴫羽盛、いけはく、烏賊、白鳥汁、六献はさざえ、麩、鳥、鯉、七献は鱠、串鮑、鮒である。菓子は麩、ところ、昆布巻き、胡桃、松葉昆布、金柑、椎茸である。使われた食材の中にはどのようなものか分からないものがあり、料理方法の記載もないが、山海の珍味を集めた本膳料理で初日は九献、次の日は七献まで豪華な饗宴が行われた。

織田信長も豊臣秀吉も新たに手に入れた権力、財力を誇示するために出来る限りの豪華な供応料理を用意したのであろう。しかし、江戸幕府による幕藩体制が確立し、将軍、大名、家臣の身分が固定してしまうと、このように料理の内容よりも料理の品数が多いこと、料理が見栄えすることを競う本膳料理の役割は不要になる。七の膳まで並べるという常軌を逸した「見せる本膳料理」はこの後、次第に姿を消し、二汁五菜か三汁七菜に簡略された二の膳付の「食べて楽しむ本膳料理」が、武士、町人及び農民の冠婚葬祭の供応食として定着するようになる。それと並行して、江戸や京都の料亭で遊興する富裕な町人たちが会食する料理として、懐石料理の品数を増やした「会席料理」が登場するのである。

第四章　大江戸で爛熟した和食の文化

一　民衆が食を楽しむ時代の到来

慶長八年（一六〇三）に徳川家康が江戸幕府を開いてから、慶応三年（一八六七）に幕府が滅亡するまで二百六十四年の江戸時代は戦乱の途絶えた平和な時代であった。中世の地方分権的政治体制が長い戦乱の末に崩壊し、徳川幕府が全国を統一して中央集権的幕藩体制を確立したのである。

鎖国令により海外との自由な交流は禁じられていたが、国内では戦乱がなく平和で安定した時代が二百六十年も続いたので、大規模な新田開発が行われ、沿岸漁法も著しく進歩して、農業、漁業共に生産力が向上した。陸海の交通網が全国規模で整備されたので、各地の産物が江戸や大坂、京都などの都市に集まり、商工業が著しく発達して富裕な町人衆が生まれ、地方の農村にも富裕な名主、庄屋が現れた。民衆がその全てではないにしろ、古代、中世に比べれば比較にならぬほど豊かに暮らせるようになったから、食生活も著しく豊かになった。あくまでも士農工商の分限（身分）に応じてではあっても、民衆に食事を楽しむ余裕ができたことは我が国の食文化史上で初めてのことだったのである。食べることに享楽的な要素を求める風潮が強まったのもそのためである。

新田の開発を幕府や諸藩、富裕な商人が競って推進したので耕地面積が増大し、米穀類や野菜、果物の生産量が増えた。全国の水田面積は江戸中期には百六十万町歩になり、米の収穫は約二千万石、三百六十万トンに達したと推定できる。しかし、一人当たりに平均すれば百四十四キログラム、一日二・六合に過ぎない。米は相変わらず不足していたから値段が現在に比べて四倍も高く、江戸の武士や富裕な商人、稼ぎのよい職人たちは米の飯を食べることができたが、地方の百姓はそうではなかった。年貢米を納めると手許には食べる米が残らないので、麦や粟に野菜を混ぜた雑炊を食べていたのである。

海運業が全国的に整備され、さまざまな地域の特産物が菱垣廻船、樽廻船、北前船などで運ばれてくる江戸、大阪、京都には市場が発達して問屋、仲買、小売商など流通業者が集まった。巨大な消費都市である江戸では、日本橋の魚市場に百二十六軒の問屋と五百人の仲買人、神田の青果物市場に百軒の問屋が集まり、天下の台所と言われた大阪では雑喉場の魚市場、天満の青物市場が賑わった。

野菜、芋などは品種改良が進んでおいしくなり、大量に生産される野菜は魚に比べて安かったから、庶民のおかずは野菜中心であった。とりわけ、江戸、大阪、京都の近郊農村は良質な野菜の生産地として発展した。江戸近郊には練馬大根、小松菜、滝野川人参、砂村葱、千住茄子など、京都には九条葱、堀川牛蒡、加茂茄子、壬生菜、万願寺とうがらしなどの名産野菜が生まれた。紀州で栽培された温州蜜柑が江戸に運ばれて、最盛期には一籠百~二百個入りで三十万籠も消費されたという。住民一人当たりにすると三十個にもなった。

漁業もそれまでの釣り、延縄以外に、定置網漁法や地引網漁法が大規模化して近代的な沿岸漁業がほぼ完成した。生活が豊かになって魚の需要が多くなったから、魚介類は野菜に比べて格段に高い値段で取引された。江戸湾は良質の漁場であったから、タイ、スズキ、ボラ、カレイ、コハダ、アナゴ、シバエビ、ハマグリ、アサリなど「江戸前」の魚が多く獲れた。

調味料は古くから使ってきた塩、味噌、酢のほかに、新たに醤油、砂糖、味醂、昆布、鰹節を使うことが広まった。塩は瀬戸内海沿岸に入浜式塩田が広がり、年間四百七十五万石も生産できるようになり、その大部分が味噌、醤油、漬物、塩魚などの加工用に使われた。それまで高級品であった醤油は文政年間に関西では湯浅、龍野、関東では銚子、野田で大量に製造できるようになったので、刺身、蒲焼、照り焼き、そばつゆ、うどん出汁などに日常的に使われた。大阪から隅田川河口の佃島に移住させられた漁民が小魚やアサリを醤油で煮詰めたのが佃煮の始まりである。文政四年（一八二一）江戸に入荷した醤油は百二十五万樽だった、一樽四斗入りとして計算すると五十万石、九万キロリットル、一人当たり年間九十リットルで、消費量は現在の二十倍にもなる。

酢はそれまで米を原料に醸造した米酢が使われていたのであるが、この時代に酒粕を原料にした粕酢が尾張知多地方で安く製造されるようになり、江戸で流行した握り鮨に使われた。砂糖は江戸時代になって初めて国内で生産できるようになり、和菓子の製造だけでなく、料理にも使われた。今日使っているような鰹節が考案され、昆布が蝦夷地から大量に運びこまれるようになり、醤油、味噌、酢、味醂、鰹節に昆布という日本料理に欠かせない調味料が全て揃ったのである。酒は醸造量が増え、江戸の住民の飲酒量は現在のそれを超えるようになった。椎茸の榾木栽培やわさびの栽培、海苔の養殖が始まり、豆腐、油揚げ、凍豆腐、寒天、沢庵漬け、うどん、そばなどが日常の食材になったのも江戸時代である。

江戸の町には料亭、茶屋、飯屋、うどん屋、そば屋のほかに鮨、てんぷらなどを売る屋台が繁盛して、一般民衆に外食を楽しむ、つまり食事に享楽的な役割を追及する余裕が生まれてきた。料理本が多数出版されて、日本の料理文化が一挙に成熟した時代であると言ってよい。

二　身分制に縛られた武士と農民の食生活

徳川幕府の経済基盤は米を通貨とする石高制《こくだかせい》である。全国の水田、畑、屋敷地など全ての土地の経済価値をそこから取れる米の石数で見積もり、それを基にして年貢米を徴収して幕府や諸藩の財源にするのである。全国の総石高は約三千万石と言われたが、十八世紀前半の総耕地面積は二百九十六万町歩、そのうち水田は百六十四万町歩であったから、実際に収穫できた米は二千四百万石強であったろう。米一石は当時、一両で売買されていたから、一両を現在の貨幣価値に換算して約十三万円とすると、米の総生産額は、三・一兆円になる。米の値段が現在より四倍も高かったことを考慮すると、十二兆円である。

幕府は士農工商の身分制を厳しく維持して、それぞれの分限（身分）に応じた生活を強要した。大名に対しても同様であり、室町時代のように料理の品数を競って供応することを禁じた。寛永元年、二代将軍秀忠が紀伊藩主徳川頼宣邸に御成りしたときには一汁七菜の本膳、二汁五菜の二の膳、二汁三菜の三の膳で簡単に済ませている。幕臣たちにも饗宴が華美になることを禁じ、老中を招いても三汁五菜と酒肴五品、国持大名同士なら二汁七菜、その家臣は二汁五菜を超えぬように定めた。

将軍の日常食も贅沢なものではなく、正月など行事がある日には三食ともに二汁七菜であるが、常の日は朝と昼が一汁四菜、夕食が一汁五菜に決められていた。地方大名の日常食はさらに質素であり、例えば、松代藩主、真田幸弘は朝食、夕食が一汁二菜、夜食が一汁一菜で過ごした。例えば、朝食は飯、汁（具は糸瓜）、茄子とあらめの煮物、餡かけ豆腐、漬物、夕食は飯、汁（具は豆腐と鰹）、茄子と茗荷の煮物、小鯛の焼物と漬物、夜食は飯、汁（冬瓜と鰹）、豆腐の煮付け、漬物である。

武士の給与は年貢で徴収した米から支給された。上級武士は知行石高に相応する年貢米を藩から受け取るが、下級武士の俸禄は一人、一日につき米五合（年間、約一・八石）として計算し、十人扶持ならば年間十八石が米俵で支給される。家族が夫婦と子供一人ならば飯米は一日一升で足りるから、残りの扶持米十四石六斗を換金すると十四両二分、約百八十九万円になる。一日にすると二百五十六文、五千百二十円に過ぎないから、家族三人が食べる米以外の食料、薪炭など日用品を買うのに精いっぱいであったに違いない。

下級武士の食事はどのようなものであったのか。武蔵国忍藩の下級武士、尾崎隼之助は日常の食事を絵日記で克明に記録していた。それを見ると、彼の俸禄は十人扶持であったから、普段の食事は、汁と豆腐か野菜の煮もの、時にはめざしで簡単に済まし、魚介や鶏肉、卵の料理を食べるのは同輩の家に招かれたときか、あるいは料理屋で酒を飲むときだけである。

武士や商人の家では、家族ごとの銘々膳を並べて食事をした。膳の並べ方には家長を上席として性別、年齢別、身分別に序列があった。食事の席での私語は禁じられていて、今日のように食卓を囲む団欒はなかった。食事をすることは神聖な行事であり、まず神棚、仏壇に食事を供えてから食べていた。

当時の人口、三千万人の九割は地方の農民であった。中世までは武士も村に住み、平時は農耕に従事していたが、近世になり兵農分離が進むと武士は城下町に移り、農民は村に住み続けて耕作に励むように強制された。江戸幕府は年貢米を多く徴収するために農民が米を常食することを嫌い、麦や雑穀に野菜を混ぜた混ぜ飯を食べるよう強制している。年貢米はたとえ不作であっても定められただけ徴収されるから、農民はわずかに残る飯米では食べていけない。それで水田の裏作に麦を栽培して、うどんやそうめん、団子、すいとんなどを食べた。

江戸中期、文政年間（一八一八〜一八三〇）に栗原柳庵が記した「文政漫録」に、ある農夫の生活が記されている。農夫とその妻は一町歩の田畑を耕して米二十石、麦六石を収穫するが、年貢を納めると手元に残る米は十石である。生活用品を買う費用を差し引くと、夫婦の一年分の食料は米一石、麦三石六斗になる。一日にすると米二合八勺、麦一升であるから、米は少しで麦が主食になる。一人当たりのカロリーは二千四百キロカロリー弱になるが、副食は畑で取れる大根や菜の漬物であったであろう。凶作や自然災害が起きた地域では食べるものがなくなり、天明の飢饉では多数の餓死者が出た。

しかし、農民といっても豪農もあれば、水呑み百姓もあり、米以外に有利な換金作物を栽培する村もあるから一概に貧しいとは言えない。綿や菜種を栽培する大百姓の家では、正月や村祭り、田植えの慰労などに奉公人も赤飯、餅、味噌汁、鰯や鰤の煮しめで酒を飲むことができた。

しかし、江戸中期を過ぎると農民の生活は少し楽になり、季節ごとの年中行事には普段の食事とは違ったご馳走を作って神仏に供え、家族や親類縁者が集まって祝う習慣が生まれた。正月には鏡餅、雑煮やおせち料理、ひな祭りや村祭りにはばら寿司や甘酒、端午の節句には柏餅と粽《ちまき》、お彼岸やお盆の仏事には団子、ぼた餅、そうめん、西瓜、中秋の名月には月見団子と里芋、子供の誕生、お宮参り、初節句、七五三の祝いなどには赤飯とお寿司、尾頭付きの鯛などである。米、小豆、生魚、卵などを使った行事食はめったには食べられない御馳走であった。庄屋や名主の家の婚礼には二の膳付きの本膳料理が出た。本膳には一汁六菜、二の膳には一汁三菜程度であるが、山間の農村であっても鯛や海老、卵、かまぼこなどが使われた。毎日の食事が質素で、変化が乏しいから、冠婚葬祭など特別の日には日頃は食べられない御馳走を作って客をもてなし、自分たちも楽しんだのである。

長屋の食事　　町屋家族の食事　　農家の食事

図 4-1　江戸時代の家庭の食事風景

（江原絢子、石川尚子、東四柳祥子『日本食物史』吉川弘文館、2009 年より）

月	
1月	1日 元旦　屠蘇酒、雑煮、おせち料理 7日 人日の節句　七草粥 11日 鏡開き 雑煮、汁粉 15日 小正月　小豆粥 20日 二十日正月　正月の鰤や鮭の骨を野菜と煮て食べる
2月	3日頃 節分、追儺　豆まき、煎り大豆 4日頃 立春
3月	3日 上巳の節句　白酒、草餅 21日頃春分・彼岸の中日　ぼた餅
4月	8日 灌仏会　甘茶
5月	2日頃 八十八夜　新茶 5日 端午の節句　しょうぶ湯、ちまき、柏餅
6月	1日 賜氷節、氷の朔日、氷室の節句　歯固めあられ、かきもち 21日頃 夏至 30日夏越し
7月	7日 七夕の節句、七夕を飾る　そうめん 土用丑　うなぎ 15日 中元、盂蘭盆会　団子
9月	1日 八朔　八朔餅 9日 重陽の節句　菊酒、菊飯 15日 中秋の名月、芋名月　月見団子、里芋 23日頃 秋分、彼岸の中日　おはぎ
10月	亥の日亥の子祭　玄猪餅、亥の子餅（大豆、小豆、ささげ、ごま、あわ、柿、飴などでつくる） 20日えびす講　べったら漬
11月	15日 七五三　千歳飴
12月	22日頃 冬至　かぼちゃ 31日 大晦日　年越しそば（みそかそば）

注：年中行事のほとんどは太陰暦で行われているが、ここでは太陽暦で示してある。

表 4-1　年中行事と行事食

（江原絢子、石川尚子編著『日本の食文化』アイ・ケイ　コーポレーション、2009 年より作成）

三　江戸の庶民の自由な食生活

江戸は江戸幕府が創り上げた巨大な消費都市であり、十八世紀には人口が百万人を超えていた。そこに暮らす人たちが食べていたものはどのようなものであったろうか。特に興味深いのは人口の過半数を占めていた職人や小商人などの食生活である。

町人の七割は長屋に暮らしていた。長屋は裏通りに面した共同住宅である。一棟の建物を壁で数軒に仕切った住居であり、一軒の広さは狭いものは間口が九尺、奥行き二間であった。九尺に三尺の土間と四畳半の居間兼寝室があるだけの住まいである。住人の多くは職人や行商人であり、店賃は一カ月五百文、居間が二間あれば千文、現在価格に直すと約二万円である。共用の井戸と便所が屋外にあり、炊事道具は土間にある竈と流しと水甕、そして米櫃、鍋、釜、包丁、まな板、擂り鉢、笊と夫婦の箱膳である。箱膳は膳の台が箱になっていて自分用の食器と箸を納めておき、食事をする時には箱の蓋を裏返して食器を載せるのである。

前に引用した「文政漫録」から長屋の住民の食生活を推察してみる。長屋に暮らす大工には妻と小児一人がいる。大工は職人の中では最も高い日当、五百四十文を稼ぐが、雨が降れば働けないから平均すれば一日を四百五十文ぐらいで暮らすことになる。支出は四百二十七文であるが、この内で米一升を九十文、野菜や魚、味噌、醤油を百文で買っているから、家計に占める食費の割合、エンゲル係数は四十四％になる。一文を二十円として現在価格に換算すると、一日の収入は九千円、米は一升（一・五キログラム）千八百円である。当時の米の値段は現在の価格、一キログラム三百円に比べると四倍もした。天秤棒の両端に魚、野菜、豆腐などを入れた籠を担ぎ、町から町へ売り歩く振り売り人だと、稼ぎは一日、三百文ぐらいだから、六割が食費に消えてしまうことになる。

大工一家が一日百文で買える食材を考えてみよう。当時の物価は、大根十本七十二文、菜もの一把六文、沢庵一本十六文、豆腐一丁十二文、油揚げ一枚二文、納豆一包四文、卵一個十文、醤油一升六十文、鰯十匹百二十文、鯖一匹三百文、鯛一匹千五百文、蛤は殻つきで一升二十文である。したがって、朝食は炊きたての飯に味噌汁と漬物、昼と夜は冷や飯、おかずは野菜の煮物、時には豆腐、油揚げか焼き魚などであったろう。この時代から食事は朝昼夕の三食を摂るようになっていたが、ご飯と味噌汁、一品か二品のおかずと漬物に決まっていた。

表通りの商家では、妻子のほかに住み込みの番頭、小僧、下女などを合わせて八人か十人で暮らしている。一年間に買入れる飯米は十四石四斗、十六両、一日にすると四升である。そのほかの食費は十八両ほどであるから、一日にすると三百二十六文である。これで十人が食べるとなると、長屋に暮らす大工一家と変わることのない粗末な食事であったろう。大工一家も商人一家も一人あたり、一日に精米約四合、六百グラムを食べているから、それだけで二千百キロカロリーが摂れるが、副食は野菜と漬物が主なものであるから必要カロリーの九割ほどを米飯で摂っていたことになる。そのような粗末な内容の食事をしていてもエンゲル係数が四十％を超えるのだから、庶民は食べることに苦労をしていたのである。

庶民がよく食べていた惣菜はどのようなものであったのか。幕末の天保年間（一八三〇～四四）に作成された「日用倹約料理仕方角力番付」には二百種類ばかりの惣菜が大相撲の番付表に見立てて並べてある。右側の精進方には、大関に八杯豆腐（豆腐を長方形に刻み、辛子、おろし大根、醤油汁で食べる）、関脇は昆布と油揚げの煮物、小結はきんぴらごぼう（ごぼうを繊切りにして、砂糖、醤油、とうがらしで味付けする。油で炒めるのは明治以降らしい）、前頭には煮豆、焼き豆腐のすまし汁、ひじきの白和え、切干し大根の煮付け、芋がらと油揚げの煮つけ、油揚げのつけ焼き、小松菜の浸し物など、左側の魚類方には、目刺鰯、浅蜊や蜆の剥き身と切干し大根の煮つけ、芝海老からいり、鮪から汁、こはだと大根の煮つけ、たたみ鰯、塩焼き鰯、鮪剝身、塩鰹、塩引き鮭などが並んでいる。

沢庵漬け、梅干し、糠味噌漬け、茎菜漬などは毎日食べるから行司の欄に記載されている。これら江戸の庶民の惣菜は明治以降にも受け継がれていて、現在の私たちになじみのあるものである。しかし、現在のように毎日のおかずが日変わりで変わることはなく、ほぼ同じものを繰り返して食べていたらしい。

庶民の楽しみは神社仏閣に詣でる物見遊山の旅であった。仲間で講を組み、旅費を毎月積み立てして出かけるのである。「一生に一度の伊勢参り」と言われ、伊勢神宮に詣でる人は十八世紀初め、年間四十万人を数えたという。伊勢参りの世話をする御師宿では旅人を二の膳、三の膳付きの料理でもてなした。例えば、本膳は飯、汁、鱠（酢やおろしで和えた刺身）、鮑、麩、ひじきの煮物と漬物、二の膳は汁、鱠、鯛の焼き物、鯔と茗荷の吸い物、はんぺん、椎茸、うどの煮物などであり、これに酒が付く。一般の旅籠は朝夕二食付きで二百文から三百文、現在でいえば数千円で泊まれた。食事は夕食、朝食ともに一汁二菜であるが、甘鯛や塩鯵の焼き物、椎茸、かんぴょう、かまぼこの煮物、漬け菜の胡麻和えなど日頃はめったに食べない御馳走が出た。そのほか、道中の茶店では土地の名物である餅や団子などを一個、五文ぐらいで楽しむことができた。

四　和食に欠かせない脇役のいろいろ

私達になじみのある和食とその食材はそのほとんどが江戸時代に整えられた。豆腐、油揚げ、納豆、醤油、鰹節、昆布などが出揃って、料理の献立、調理法などを紹介する料理本が多数出版され、料亭、食べ物屋、屋台店なども誕生して、江戸の住民の食生活は、私たちの食生活にかなり近いものになったのである。

江戸時代には胡麻油を料理に使うようになり、てんぷらや豆腐の油揚げ、けんちん、飛竜頭《ひりょうず》などが庶民のおかずになった。古来、胡麻、荏胡麻、榧、椿などから絞った植物油は大変貴重なものであり、奈良時代の正税帳によると胡麻油の値段は一升が米四斗五升に相当したという。油は灯油や髪油に使われ、料理に使うのは寺院で精進料理に使うぐらいであった。ところが、江戸時代になって灯火に使う菜種油が多量に生産できるようになったので、胡麻油が庶民のおかずに使えるようになったのである。

漬物は昔からの塩漬けのほかに、糠漬け、味噌漬け、粕漬け、麹漬けなどが工夫された。白米を常食するために米をよく搗精するから、多量に出る米糠を利用した漬物が糠漬けである。米糠と塩、水をよく練り合わせた糠床が乳酸菌で発酵すると、ほどよい酸味とさわやかな香りを生じ、ビタミンも豊富になる。胡瓜や茄子の糠味噌漬けは家庭で漬けるが、干し大根を塩と糠で数か月漬ける沢庵漬けは近郊の農家が漬けたのを購入した。梅干しは強烈な酸味に殺菌作用や疲労回復の効果があるので鎌倉時代から重宝されてきたが、赤紫蘇を使っての着色は江戸時代から始まった。因みに、日本食の基本は飯、汁、菜、と香の物の組み合わせであるが、漬物は香の物と呼ばれて菜とは別に扱われていた。献立は一汁一菜、一汁三菜などと数えるが、香の物はいつも欠かせないものだから菜としては数えない。

松茸、椎茸、しめじなど茸は和食によく使われる食材であり、中でも干し椎茸は昆布、鰹節とともに出汁を取るのに欠かせない。椎茸の椚木栽培は元禄時代に豊後や伊豆で始まっている。厳しい冬の寒さを利用して乾燥した寒天や凍豆腐は日本独自の食材であり、どちらも江戸時代に広く使われるようになった。海苔（アマノリ）の養殖が寛永年間に品川沖で始まり、紙漉きの要領で漉いて乾燥した乾海苔を海苔巻に使った。日本料理に欠かせぬ名脇役の食材が出揃ったのが江戸時代である。

魚のすり身に塩を混ぜ竹に巻きつけ、あるいは板に載せて成形し、蒸すか、焼いて作る竹輪、かまぼこは獣肉を食べる習慣がなかった日本人が発明したものである。古くは平安時代、あるいは室町時代からあったらしいが、江戸時代になり沿岸漁業が発達して魚が多く獲れるようになると、余った魚を利用して盛んに作られるようになった。紅白に染めたかまぼこは縁起が良いと人気があり、一枚百文であった。

豆腐の料理が流行し、天明二年（一七八二）に出版された「豆腐百珍」には豆腐料理のレシピが百あまり集められている。田楽《でんがく》は長方形に切った豆腐を竹の串に刺して焼き、味噌をつけた豆腐料理であったが、元禄時代になると豆腐がこんにゃくに代わり、やがて串を外して大根、里芋、昆布、つみれなどを醤油出汁で煮込む「おでん」になった。

麦や蕎麦の生産量が増えたので、うどん、そば、そうめんなどが庶民の食べ物になり、小麦粉で作る饅頭が寺院の点心や茶席の菓子に使われた。うどんの起源は遣唐使が持ち帰った肉入り団子「混沌《こんとん》（現在の雲呑）」であると言われてきたが、今日のうどんは全く別物である。室町時代に明から伝ってきた切麺が切麦になり、江戸時代にうどんに変わったらしい。そうめんの先祖はやはり唐より伝わってきた唐菓子の一つ、小麦粉を練って縄のように伸ばし油で揚げた「索餅《さくへい》」だというが、平安時代から七月七日に長寿の縁起物として食べていた索麺《そうめん》は小麦粉と米粉を練って細く引き延ばした麦縄であり、それが江戸時代に現在のようなそうめんに変わったらしい。うどん、そうめん、そばなどは米を常食することを禁じられていた農民の代替食として広まり、小麦粉を挽く石臼と水車が農村の必需品になった。

茶樹の栽培は全国に広がり、煎茶を飲む習慣が庶民にまで広がった。茶の若葉を蒸して揉み、乾燥する現在の煎茶の製法が京都の宇治田原で考案されたのは元文三年（一七三八）である。また、江戸時代には砂糖の生産量が増えたので、茶席や料亭で使う高級な和菓子、大衆的な柏餅、金鍔、かりんとう、大福餅などが普及した。

江戸の住人は酒好きであった。関西の伊丹、池田、灘で寒い冬に醸造する寒造り法が開発され、品質の良い酒が酒専用の樽廻船で江戸に運ばれた。これらの酒は上方からの下り酒と呼ばれ、文政四年（一八二一）には百二十二万樽に達した。人口一人当たりにすると四斗入りの酒樽一樽、七十二リットルにもなるから、アルコールに換算すると十リットルを超え、現代の飲酒量よりも多い。もっともこのように多量の酒が飲めたのは江戸の町だけであり、地方での消費は少なく、五リットルぐらいであった。大酒を競う酒合戦では一斗十八リットルも飲む酒豪がいたという。酒に燗をして飲む習慣が始まったのもこの頃である。酒の小売値は現在とさして変わらず一升が二百五十文、五千円程度であり、居酒屋で飲めば燗酒、一合が二十文から三十文、肴はこんにゃくの煮物、鯖の味噌煮などが一皿四文であった。それまで、酒は冠婚葬祭などハレの行事に限って飲むものであったが、ようやく庶民も普段に飲酒を楽しむことができるようになったのである。

野菜や魚介など生鮮食材の種類が増えたのは先に紹介したとおりだが、寛永二十年（一六四三）に出版された「料理物語」には、海の魚が七十一種類、川魚が十九種類、海藻が二十五種類、鳥類が二十五種類、茸十二種類、野菜と果物、七十六種類が記載されている。ついでながら、小泉武夫氏の「食と日本人の知恵」によれば、日本人の食材は魚介類、哺乳動物、鳥類、海藻、野菜、果物、穀類、豆など実に千二百種類もあるという。西洋人が嫌うタコ、イカも大好物であり、気味の悪いナマコ、ホヤ、猛毒のあるフグまで上手に料理して食べてしまう。日本列島の複雑な地形と移り変わる四季が育む多彩な食材を上手に食べるのは日本食の伝統だと言ってよい。

五　日本料理の「味」を決めるもの

海外で日本食を作ろうとすると味噌、醤油を欠かすことはできない。和食の味を決める味噌、醤油、酢、味醂などの発酵調味料が広く使われるようになったのは江戸時代である。

味噌、醤油、漬物に使う塩は新しく開発された入浜式製塩法で大量に生産されるようになった。平安時代からの揚浜製塩法では海水を汲んで塩田に撒くのが重労働なので、堤防で囲った塩田に海水を引き入れる入浜式製塩法が開発され、瀬戸内海の沿岸に広まった。塩の生産量は年間四百七十五万石に増え、その大部分が味噌、醤油、漬物、塩魚などの加工用に使われた。塩四百七十五万石を七十万トンとすると、一人当たり一日、七十三グラムにもなる。現在、家庭用、業務用に使用している塩は合わせて一人当たり、四十一グラムであるからその二倍弱に相当する。

味噌は古代から作り続けられていた発酵調味料である。大豆を蒸して麹と塩を加え発酵させる味噌は農家で簡単に作ることができたから、自家の味噌の味を自慢し合う「手前味噌」という言葉ができたほどである。味噌には必須アミノ酸がバランスよく含まれているので、米食に不足しがちな必須アミノ酸を補給するのに欠かせない。味噌汁は手軽に作れて、栄養があり、おいしいから、江戸の庶民は朝食に欠かさず飲んでいた。

日本の醬油の起こりは鎌倉時代に味噌樽の底に溜まった汁を溜まり醬油として使ったことである。室町時代になると、蒸した大豆と煎り小麦に麹と塩水を加えて発酵させて液体の醬油を絞るようになったが、味噌とは違って家庭で作ることが難しく庶民の手には届かない貴重品であった。しかし、江戸時代の寛文年間（一六六一〜七三）に、淡口醬油が関西の湯浅、龍野で大量に製造できるようになり、続いて江戸に近い銚子、野田などで濃口醬油が生産されて一升六十文ぐらいで買えるようになったから、刺身、蒲焼、照り焼き、佃煮などに日常的に使えるようになった。醬油が普及するにつれて日本人の魚の食べ方が変わった。それまで生のまま、あるいは酢で食べていた魚の鱠は、醬油で食べる刺身に変わった。細く刻んだ大根や胡瓜、海藻などの「けん」、穂紫蘇、芽蓼、生防風などの薬味「つま」と一緒に盛りあわせ、擂り山葵と醬油で食べる「お刺身」は代表的な日本料理になった。単純にしてシンプルな刺身ではあるが、魚の切り方には魚種によって平切、薄造り、削ぎ造りなどの工夫を凝らす日本料理の繊細さがある。

酢は塩とともにもっとも古い調味料である。酒に酢酸菌が混入して酸敗し、アルコールが酢酸に変わったものが酢であるから、米を原料にする日本酒作りと米酢作りの技術は弥生時代に稲作技術が渡来してきたとき同時に伝えられたのであろう。すでに奈良の都には「造酢司」の官職があり、市場では酢が売られていた。しかし、米酢が大量に生産され、広く使われるようになったのは江戸時代のことである。当時流行していた握り鮨に使われたのは文化年間（一八〇四〜一八）に尾張地方で酒粕を原料にして生産した安価な粕酢であった。日本人は古くから生魚を酢に浸した鱠を食べていたし、室町時代からは酢味噌、生姜酢、辛子酢などもよく使っていた。酢に醤油と酒（最近では味醂）を合せた二杯酢、三杯酢などで魚や野菜を和えた「酢の物」は日本料理の献立に欠かせぬ一皿である。西洋のワインビネガーやモルトビネガーの鋭い酸味とは違って、米酢の甘く柔らかい酸味は日本人の舌になじんだ味なのである。

鰹節、昆布、煮干し、椎茸などで出汁（だし）をとるということは日本で独自に発達した調理法である。タンパク質や脂肪の多い肉類を使う料理では肉からうま味が出るが、うま味が少ない野菜をおいしく料理するには出汁を欠かすことができない。西欧の料理は油の料理であり、和食は水の料理だと言われる由縁である。昆布や鰹節で出汁をとり、汁物や煮物に使うのは日本人が考案した革命的調理法であると言ってよい。昆布のうま味成分、グルタミン酸と鰹節のイノシン酸、あるいは干し椎茸のグアニル酸を一緒に合わせると相乗効果でうま味が数倍に増すことを経験的に知ったのであろう。西欧では味を酸甘塩苦の四つの基本味（四原味という）で説明しているが、そのほかに出汁の「うま味」があることを発見したのは日本人である。うま味や出汁に相当する外国語はないから、今では「UMAMI」、「DASHI」が国際的に通用している。ついでながら、醤油、味噌、魚醤など発酵調味料の味も蛋白分解物であるグルタミン酸などのアミノ酸とグアニル酸などの核酸分解物の「うまみ」であり、東南アジアの料理に共通した味なのである。

昆布を味付けに使うのは、室町時代に蝦夷地（北海道）から運ばれてきた昆布を京都で味付けに使ったのが始めらしく、江戸時代になると大量の昆布が江戸にも運ばれた。鰹の煮干しを作るときの煮汁を煮詰めた煎汁《いろり》は奈良時代から調味に使われていたが、出汁をよく採るために煮干し鰹を燻煙して乾燥させ、さらに青カビをつけて脂肪やタンパクを分解させる現在の鰹節の製法が考案されたのは江戸時代である。淡口醤油と昆布出汁で調理する薄味の京料理に対して、江戸料理では濃口醬油と鰹節出汁を使う。味噌も関西では大豆と米で作る甘い白味噌を好み、関東では大豆と麦で作る塩味の強い赤味噌が好まれた。

魚の照り焼きや煮物に甘みと照りを出すために味醂を使うことは江戸後期に始まった。味醂のルーツは戦国時代に中国との交易で入ってきた甘い蜜淋酒だとされている。焼酎に米麹と蒸した糯米を加え糖化させた味醂は甘く、麺つゆ、蒲焼のたれに欠かせないものになった。砂糖は江戸中期に八代将軍吉宗がサトウキビの栽培を奨励するまではほぼ輸入に頼っていたから大変高価なものであった。しかし、寛政年間（一七八九〜一八〇一）讃岐で砂糖が大量に生産ができるようになると一斤（六百グラム）が四百文ぐらいで手に入るようになり、和菓子の製造だけではなく、料理にも使われるようになった。もっとも、幕末の砂糖の消費量は輸入砂糖を含めて五千万斤（約三万トン）、一人当たり年間で一キログラム程度であるから、現在に比べれば二十分の一程度の消費量である。因みに、現代の日本食ほど砂糖をよく使う調理は珍しく、西欧では料理に砂糖を使うことは少なく、砂糖はもっぱらケーキ作りに使われている。

六　江戸の外食文化

日本人が自宅以外で食事をする、つまり外食ができるようになったのは江戸時代からである。戦乱が収まり平安な日々が訪れると、人々の往来が活発化して家庭外で食事を摂ることが必要になるが、それまでは街道筋の旅籠以外には食事ができる場所がなかった。そこで、幕府による江戸の町づくりが済むと、まず神社仏閣の門前に参詣客を相手に甘酒、餅、田楽などを売る茶店、茶飯と豆腐汁、煮染めを食べさせる奈良茶飯屋が現れた。続いて、江戸中期、享保（一七一六〜一七三六）の頃になると、町中にそば屋、鮨屋、一膳飯屋、居酒屋ができ、そば、てんぷら、鮨、鰻などを食べさせる担ぎ屋台、あるいは据え置きの屋台店も多数現れた。

町人の大半は収入の少ない小商人、職人、その日稼ぎの振り売り人などであったから、一日の稼ぎは四百文もあればよいところである。こうした人たちを相手にする食べ物商売は、振り売りと屋台が主であったが、徐々に小屋掛けの店や、常設の店舗が増えた。文化八年（一八一一）には江戸に七千六百四軒の食べ物屋があり、そのうち、煮魚や野菜の煮染めなどを売る店が二千五百余軒、うどん屋、そば切り屋が七百十八軒、蒲焼き屋が二百三十七軒、鮨屋が二百十七軒であると記録されているから、住民百五十人に対して食べ物屋が一軒あった計算になる。現在でも外食店は全国に四十万軒、住民百二十世帯に一店舗であるから、江戸には外食店がいかに繁盛していたかを想像できる。

これほどに食べ物屋が繁盛したのは江戸には単身男性が多かったからだと言われている。商家の小僧や丁稚、職人見習い、日雇い人足、下男、中間などの仕事を求めて地方から江戸に出てくる若者が多く、武士であっても江戸詰の藩士は妻子を国元に残していた。つまり江戸の人口の三分の二は男性であり、男二人に一人は食事を作ってくれる配偶者がいなかったから、炊きあがった麦飯や煮豆、煮染めの売り歩き、一膳飯屋やそばの屋台は便利な存在であった。飯屋では竹輪、椎茸、青菜の煮染め、つみれ汁、飯と漬物を百文ぐらいで食べることができた。振り売りで売られていた食べ物は、塩、醤油、味噌、豆腐、納豆、漬物、塩辛、乾海苔などの食材、飴、ところてん、白玉、白酒などの菓子であり、さらには飯、煮染め、刺身などすぐに食べられるおかずも売られた。現在、外食店や持ち帰り弁当や総菜などの中食を利用する人が多いのは、結婚をしない若者、配偶者を失った高齢者など単身世帯が全世帯の三割を占めるまでになり、食事作りを面倒だと考える人が増えたからだと言われている。男世帯が多かった江戸の外食事情と相通じるものがある。

最も数が多かったのはそば屋である。それまではそば粉を湯で練ったそば掻きを食べていて、現在、私たちが食べているそば、当時のそば切りが考案されたのは天正か慶長の頃らしい。寛文年間に小麦粉をつなぎにしたそば生地を切りそろえたそば切りを、醬油に鰹節、味醂を合わせた「つゆ」で食べるようになってから急速に人気が出た。立ち食いの屋台店だけではなく、店を構えたそば屋も増え酒を飲ませる店もできた。そばは一杯十六文、現在価格に換算すると三百二十円であったから、手軽に楽しむことができた。細く長いそばのように寿命が延びるように願いを込めて、年越しそばを祝う習慣が江戸で生まれたのもこの頃である。幕末の万延元年（一八六〇）にはそば屋が江戸府内で三千七百六十三軒に増えていた。

鮨も江戸で人気のあった食べ物である。「すし」の歴史は長く、奈良時代の熟鮓《なれずし》に始まる。「熟鮓」は魚を塩と米飯で長期間漬けて醗酵させた保存食であったが、室町時代に酸味を帯びた飯を魚とともに食べる生熟れ鮓に代わった。その鮓が大きな変化を見せたのは江戸時代である。元禄の頃、上方で魚や飯に酢を加え重石をして一夜で漬ける「押し鮓」に替わり、さらに醗酵させる代わりに飯に酢を混ぜてつくる「早鮓」ができた。今日の「握り鮨」は酢飯に生魚の切り身と山葵を合わせて握るもので、文政年間に江戸で考案された。目の前で握ってくれて、素早く食べられる握り鮨を売る屋台が気短な江戸っ子に大受けした。マクドナルドのハンバーガーにも勝る江戸のファーストフードである。よく使われた鮨種はこはだ、白魚、車海老、鮑、卵焼きなどで、現在の二倍ほどある大きな鮨が一貫、四文か八文で売られた。現在、鮨種としてもっとも人気がある鮪は好まれず、醬油に浸け込んだヅケにして使われた。味付けをした油揚げに飯を詰めた稲荷寿司が考案されたのは天保年間であり、赤い鳥居を描いた行燈を掲げて売っていたのでこう呼ばれた。

土用の丑の日に鰻を食べる習慣は江戸時代に始まったものであり、隅田川などで取れた鰻は「江戸前」といって人気があった。鰻は古代より滋養食として食べられていたが、丸のままぶつ切りにして串に刺して焼いたものを形が蒲の穂に似ているから蒲焼と呼んでいたらしい。蒲焼が人気になったのは身を割いて平らに串を打って焼き、たれに醤油と味醂を使うようになってからである。蒲焼は屋台では一串十六文で売られていたが、料理茶屋で食べれば一皿二百文だった。

てんぷらを売る屋台は天明年間（一七八一～八九）に現れた。てんぷら鍋に引火して火事になることを恐れて屋内で天ぷらを揚げることは固く禁じられていたのである。南蛮人が伝えたテンポラは魚の素揚げで

図 4-2　蕎麦売りの屋台

図 4-3　鮨売りの屋台

あったらしいが、江戸時代に小麦粉の衣を付けて揚げる現在のてんぷらに変わった。揚げ油には、当時大量に生産できるようになった菜種油や胡麻油が使われた。屋台で食べやすいように芝海老、貝柱、穴子や牛蒡、蓮根、長芋などを串に刺して揚げ、一串四文ぐらいで売っていた。てんぷらは和食には数少ない油料理であり、天だねの水分が高温の油の中で蒸発して抜けるから、魚や野菜のうま味が濃縮されておいしくなる。

七　江戸に開いた料理文化の華

江戸後期の宝暦天明から文化文政の頃（一七五一〜一八三〇）になると江戸の町人の食生活が豊かになり、そば屋、うどん屋、鰻屋など気軽に利用できる食べ物屋とは別に、富裕な商人や文人、役人が遊興する高級な料亭が現れた。料亭の始まりは京都の清水寺や祇園社などの門前の料理茶屋であると言われているが、江戸では深川洲崎に開業した升屋が最初らしい。宝暦天明年間（一七五一〜八九）には八百善や平清など高級な料理茶屋が数多く開業し、そこでは贅沢な会席料理を食べて酒を飲み、踊りや唄、会話を楽しむことができた。

会席料理は料亭に客を招待して会食するために、茶席の懐石料理の品数を増やした宴会料理であり、今日の和食会席がそれである。季節感のある上質の食材を味よく調理して、美しい食器に盛り付けた料理を、庭園が眺められる美しい座敷で芸妓なども交えて酒を飲みながら楽しむのである。活発な商業活動で豊かな財力を得た商人たちが築き上げた料理文化の華であると言ってよい。

名料亭として評判が高かった浅草山谷の八百善の会席料理の献立の一例を紹介しておこう。本膳には、前菜として平皿に甘鯛と鴨肉、松茸、くわい、芹を取り合わせて盛り、向付（鱠）は鮃と烏賊の刺身に独活、岩茸、青海苔、生姜を添えたもの、吸い物は鱚の摘み入れ汁、香の物は押し瓜、茄子奈良漬としん大根を並べる。二の膳の猪口（和え物）は土筆《つくし》と嫁菜の浸し物、坪（煮物）は赤貝柔らか煮、焼き栗と銀杏、清汁の具は鮎並と葉防風、三の膳の鉢肴料理は小鯛のけんちんと煮とうがらしである。料理の品数はそれほど多くはないが、一皿、一皿　味よく吟味されたものであったらしい。料金は一人前、銀三匁（銭三百文、六千円）、高級店なら銀十匁程度であった。現在の会席料理は前菜（酒肴）を先に出して酒宴を行い、終わりに飯と味噌椀、香の物、果物を出す七品献立、九品献立が多く、膳を使わずに食卓で給仕するのが普通になっている（図4－4参照）。

また、この頃には料理本が多数刊行された。最初に刊行された料理書は江戸初期の寛永二十年（一六二三）に刊行された「料理物語」であり、料理人に食材の料理法を教える指導書であった。しかし、江戸後期の天明二年（一七八二）に出版された「豆腐百珍」は豆腐料理のレシピを百種類集め、豆腐の豆知識を添えた読み物に変わっている。「豆腐百珍」の評判がよかったので、「玉子百珍」、「甘藷百珍」、「海鰻《はも》百珍」、「蒟蒻《こんにゃく》百珍」や飯百珍に相当する「名飯部類」などが、また「鯛百珍料理秘密箱」、「万宝料理秘密箱」など料理秘密箱シリーズが次々に出版された。「大根料理秘伝抄」には、輪切りにした大根が五輪マークのように繋がる「輪違い大根」を細工する手品のような技法が紹介されている。漬物作りを教える「漬物早指南」もある。中世には包丁流の門外不出の秘事であった料理法が民衆に解放されたと言ってよい。それにしても印刷が今ほど簡便にできなかった時代に、百七十冊を超える料理書が刊行されて流布したということは、民衆が料理をおいしく作ること、珍しい料理を試してみることに大きな関心を持っていたことを窺わせるのである。

図 4-3　料亭八百善の座敷で遊興する人たち（サントリー美術館所蔵）

1. お通し（前菜）　菜の花のりあえ　鱈のうの花あえ　川えび素揚げ
2. さしみ　鯛のかのこづくり
3. 吸いもの　青豆しんじょ　うぐいす菜　生しいたけ　梅麩　ゆず
4. 焼もの（揚げもの）　てんぷら盛りあわせ　大根おろし
5. 煮もの　京芋含め煮　とり肉黄身煮　しいたけ甘煮　にんじん色煮　さやえんどう青煮　木の芽
6. 酢のもの　とりがい　あかがい　わかめ　わけぎのからし酢みそあえ
7. 止め椀　豆腐とせりのふくさみそ仕立て
8. 飯
9. 香の物　たくあん漬け　生しば漬け　京菜の塩漬け

図 4-4　現代の会席料理　春の献立

（大野富美江『日本料理』女子栄養大学社会通信教育部、1988 年より）

日本料理では、鯛、大根、豆腐など、どの材料を一つ取り上げても、生で食べたり、煮たり、焼いたり、和え物にしたり、漬物にしたりするなど、さまざまに活かす多くの調理法がある。また「焼く」という調理にも、塩焼き、照り焼き、付け焼き、串焼き、蒸し焼き、包み焼きなどの多彩なレシピがあり、薬味やつけ汁にも実にさまざまな工夫がある。このように一つの食材をさまざまに活かす料理法を工夫する民族は珍しいのであり、この特性は現代の回転寿司、ピザ、スパゲティーなどの多彩なメニューにも発揮されているように思う。

日本は春、夏、秋、冬と四季の移り変わりがはっきりしていて、それぞれの季節に旬の食材がある。その旬の魚介や野菜を生かして使うのは、季節感の鋭い日本人が生み出した和食の特徴である。旬の魚は脂がのっていてうまく、野菜にはビタミンCが多い。旬の期間は、初物と呼ばれる「走り」から始まり、味や栄養が充実する「旬の盛り」を経て、やがて去りゆく旬の「名残り」を惜しむ、通算して一か月間と決めていた。そして旬の季節が過ぎたらば、次の年の初物が出るまでその魚や野菜を口にはしなかった。現代人は旬の季節に関係なく、年中同じように胡瓜や茄子、トマトや苺を欲しがり、日本人らしい食の季節感を失っている。

高級な料理屋を利用できない庶民も日々の食生活の中に遊びの要素を取り入れた。日常は毎日、ほぼ同じようなものを食べていたが、旬の初物を食べれば寿命が延びると争うようにして求めた。初物の代表格は「目には青葉　山ほととぎす　初松魚《はつがつお》」と詠われた初鰹であり、通常は一尾二百文か三百文の鰹が三両、現在なら四十万円で買われる異常な初鰹ブームが起きた。幕府は初物に異常な高値がつくのを防ぐため、油障子で畑を囲って促成栽培した茄子や瓜、筍、松茸、葡萄、蜜柑など、季節外れに早く獲れた鱒、鮎、鰹、鮭、白魚などを旬と決めた月より早く高値で出荷することを禁止していた。また、大酒飲み競争や飯、菓子、鰻、そばなどの大食いの会があちらこちらで開かれた。このように初物や大食いに異様なまでにこだわったのは、民衆が食べることに遊び心を持つようになったことを如実に示している。食べることへの関心は当時の身分、階層を超えて広がり、誰もが贅と遊び心を尽くして美味を追及したのである。

江戸の住民がこのように楽しんだ料理文化はやがて地方にも広がっていった。流行の料理本が江戸土産として地方に持ち帰られて書き写され、江戸や伊勢の御師宿で食べた料理を村に帰って試してみる者もいた。豪農の婚礼などに呼ばれて江戸の本膳料理を作る料理人もいたらしい。しかし、米が作れない山間地には正月でも米が食べられず、粟、稗、麦などの粥に青菜や芋を刻み込んで食べている貧しい村もあった。江戸の町では住民が身分に応じてそれなりに食べることを楽しめたが、地方ではそうでなかったのである。遊びとして飽食を楽しむ江戸の食道楽と飢えに苦しむ地方農村の貧しい食生活が同時に進行する「都市と地方の食の落差」が顕著になった時代でもあった。

第五章　和食を近代化した百五十年の歩み

一　和食の近代化は肉食奨励から始まる

明治維新になり、日本の社会は「文明開化」をスローガンにして欧米の先進文明を積極的に吸収し、殖産興業、富国強兵の近代化路線を歩み始めた。食生活においては欧米の肉料理を滋養のある進歩的なものとして受け入れることが近代化の始まりであった。欧米を視察して帰朝した福沢諭吉は「西洋衣食住」を著して、西洋風に肉を多く食べる食事をすれば日本人の貧弱な体格を改良できると推奨したが、肉食は容易には普及しなかった。日本にはそれまで千二百年もの間、殺生を禁じる仏教戒律を守り、肉食は忌むべきもの、穢れたものと考える食習慣が広く定着していたからである。

そこで、それまで日本の食生活を拘束してきた肉食の禁止令を解くために、明治四年（一八七一）、宮中で率先して肉食を解禁し、天皇の食事に牛肉、羊肉を使い、在日外国人高官を招く天長節祝賀の晩餐会にはフランス料理を出すことになった。このことが新聞で報道されると、たちまちいくつかの府県で肉食奨励の布告が出されたのである。

明治十年頃になると、東京、横浜、函館や神戸には本格的な西洋料理を提供するホテルやレストランが相次いで開業したが、お客は外国人、貿易商、軍人と高級官吏ばかりであった。米、魚、野菜、味噌、醤油に慣らされてきた日本人の舌には、牛肉、牛乳、バター、コーヒーなどはなじみにくいものであり、テーブルと椅子、ナイフとフォークも使いにくいものであった。

庶民は五十銭あるいは七十銭もする高価な西洋料理には手が出せないから、安い牛鍋屋に出かけた。牛鍋は牛肉を鉄鍋で焼き、葱と一緒に味噌あるいは醤油と砂糖で煮る和風味であったから抵抗が少なかった。当時、牛肉は一斤、六百グラムが十六銭もする高価なものであったが、牛鍋は一人前五銭で食べることができた。「牛鍋を食わねば開けぬ奴」と西洋かぶれの人々に大流行し、東京だけで五百数十軒の牛鍋屋が繁盛したという。

政府は国民の疾病予防、体位の向上を目的として栄養知識の啓蒙に努め、牛肉、牛乳、乳製品の摂取を奨励したが、依然として肉食を穢れとして嫌う人は多く、欧米風の牛肉料理は容易には普及しなかった。それでも、女学校で始まった栄養教育と調理実習、それに新聞、婦人雑誌などの料理記事、また、軍隊の給食にパン、牛肉料理を採用したことが牛肉食の普及に役立った。当時、軍隊における食肉の消費量は民間の二十倍も多く、日清、日露戦争の戦地で牛肉大和煮の缶詰を食べた兵士はそのおいしさに驚いたのである。

西洋料理と言えば牛肉だけでなく、パン、牛乳、バター、コーヒー、紅茶がつきものである。東京では明治二年、オランダ人にパンの製造を習った木村安兵衛がパン屋、文英堂（後の木村屋）を創業し、パン生地を酒麹で発酵させ小豆餡を芯に包んで焼いた「餡パン」を発売して大人気を博した。続いて発売されたジャムパン、クリームパンなど菓子パンの需要は増えたが、ご飯の代わりに食パンが食卓に並ぶことはなかった。主食としてパン食が普及するのは第二次大戦後の学校給食にパンが使われてからのことである。

バターは明治十九年に国産化に成功したが、バター料理はその匂いが嫌われて普及しなかった。牛乳は滋

図 5-1　牛鍋屋が繁盛した
（仮名垣魯文『安愚楽鍋』1871 年刊より）

養になるというので乳児用、病人用に飲まれるようになり、家庭への配達が明治七年に東京で始まった。コーヒーもすぐには普及せず、東京の町に喫茶店が増え始めるのは明治末年のことである。ワイン、ウイスキー、ビールなどの洋酒も物珍しいだけで需要は少なく、明治末年になっても酒は日本酒の独壇場であった。西洋料理に使う野菜も移入され、ジャガイモとタマネギ、キャベツはすぐに栽培が広まったが、セロリ、パセリ、カリフラワー、トマト、ピーマン、レタス、アスパラガス、マッシュルームなどが普及するのは第二次大戦後のことになる。

明治三十年頃になっても全国的に見れば、肉の消費量は一人あたりにすると現在の二十分の一、一日にわずか四グラムであった。農村は依然として貧しく、自給自足の食生活を続けていた。麦飯に味噌汁、野菜の煮物と漬物で過し、魚の干物を月に数回食べる程度であったから、高価な牛肉は買えなかったのである。

しかし、明治末年から大正時代になると、西洋料理が和洋折衷型の「洋食」に形を変えて都会の食生活に入ってきた。米飯に合うおかずとして考案された　カツレツ、カレーライス、コロッケ、少し遅れてトンカツが町の洋食屋で人気を集めた。日本橋三越デパートに大正十一年（一九二二）、洋食堂が開かれると、オムレツ、ハヤシライス、サンドイッチ、チキンライスなど洋風料理を主婦や子供が楽しめるようになった。ついでながら、串カツ、エビフライ、カキフライやハヤシライス、オムライスなどは日本にしかない洋風料理なのである。

洋風の肉料理が家庭に本格的に普及するのは第二次大戦後のことである。そのきっかけになったのは敗戦によってアメリカ軍の駐留を受け、彼らの豊かな肉料理や油料理を知ったことである。そして何よりも、朝鮮動乱によって経済が復興し、その後も高度経済成長が続いたので国民の所得が増え、肉料理を食べる余裕ができたからである。政府は国民の貧弱な栄養状態を改善するため、キチンカーを巡回させて肉料理、油料理のレシピを紹介した。

その結果、朝食はパン、牛乳、卵、ハムという家庭が増え、夕食の食卓にハンバーグ、ビーフステーキ、カレーライス、トンカツ、焼き肉などが並ぶようになるのである。昭和三十五年には食肉の消費量は戦前の二倍、一日十四グラムになり、現在では八十グラムに増えて日本人が食べ慣れてきた魚の消費量を追い越している。

二　慢性的な米不足を解消する

日本人は米食民族だといわれている。弥生時代に稲作が大陸から伝来して以来ずっと、米を主食とし、酒、酢、味噌、醤油、菓子などの原料に使ってきた。米飯を食べることが日本食の中心なのである。しかし、その米はいつの時代にも絶えず不足していて、民衆が米飯をどうにか常食できるようになったのは江戸時代であり、米不足が完全に解消して誰もが白いご飯を腹いっぱい食べられるようになったのは第二次大戦後のことである。

米飯とごく少量のおかずで栄養を摂るには、一日に米が五合、七百五十グラム必要であるから、一人当たり年間では一・八石、二百七十キログラムの米が必要になる。しかし、稲作が始まった弥生時代以来、いつの時代にも米の生産量はこの必要量の半分程度に過ぎず、一般民衆は米飯を常食にはできなかったのである。奈良時代の水田面積は七十万町歩、約七十万ヘクタールであり、七十万トンの米が収穫できていたらしいから、一人当たりにすると年間百キログラムである。江戸中期には水田面積が約百六十万ヘクタールになり、収穫は三百六十万トンになったが、人口も増えたから一人当たりにすれば百四十四キログラムであり、奈良時代に比べて大きくは増えていない。だから、米は常に不足していて、値段も現在に比べて四倍もしたのである。江戸の武士や町人は米の飯を食べていたが、人口の八割を占める地方の百姓は麦や粟、野菜をまぜた雑炊を食べていた。

米不足は明治になっても続いた。明治十四年、稲の作付面積は二百五十九万ヘクタールになり、四百七十七万トンの米が収穫できたが、一人当たりにすれば百二十四キログラムで、江戸中期より少ない。明治二十年頃になっても都市部では白いご飯を食べていたが、農村では麦、雑穀が六割、米が四割の混ぜ飯を食べていたのである。昭和五十八年、国民的人気者になったNHK朝の連続ドラマ「おしん」の主人公、おしんが生まれたのは明治四十年代、山形県の寒村である。おしんの家族は米が足らないので大根飯を食べている。

その後、明治政府が稲作技術の改良に努めたので、ヘクタール当たりの収量が二トンを超えて生産量は増えたが、人口も増えるので米不足はかえって深刻になった。大正時代になると米の生産量は一人当たり百四十八キログラムに増えたが、需要量も年間百六十キログラムに急増した。原因は産業革命が起きて諸産業が発展したので都市の庶民は収入が増え、農村でも養蚕業などで現金収入が増えたからである。日清戦争、日露戦争、第一次大戦後に起きた好景気の影響でもあった。当然ながら国内産米だけでは足りなくなり、朝鮮、台湾、さらにはビルマ（現ミャンマー）、ベトナムからの外米輸入が始まり、多いときには輸入米が二百万トンに近くなり米の自給率が八十五％に下がった。第一次大戦後の大正七年には輸入米の供給が逼迫し、米の買い占めが原因で米価が四倍にも暴騰して民衆の抗議暴動「米騒動」が起きた。月収が十五円程度の低所得家庭では家計の二割五分、食費の六割が米代に消えたのだから無理もない。

しかし、その後は第二次大戦がはじまるまで米の消費量は年間百六十キログラム、一日三合弱、四百四十グラムで推移した。明治時代に比べるとおかずを多く食べるようになったので、米飯を食べる量が少なくて済み、米の消費量が輸入米を含めてではあるが供給量と辛うじて均衡するようになったのである。ところが、第二次大戦がはじまると米不足が再び激しくなった。農村では肥料が不足し、男子が徴兵されて労働力が足りなくなったので、米の生産量が急低下し、米不足を補う輸入米も途絶えた。政府は米を配給制にして一人一日二合三勺、三百四十五グラム、年間百二十六キログラムを確保しようとしたが、戦争末期にはそれもできなくなった。敗戦の昭和二十年には米の生産量は五百五十万トン、一人当たり七十七キログラムにまで落ち込んでしまった。サツマイモ、カボチャ、さらには豆粕、ふすま、米糠、芋の茎まで主食代わりに食べる「代用食」で飢えを凌がなければならなかった。

しかし、第二次大戦後に農地解放が実施されると農家の生産意欲が高まり、化学肥料と化学農薬を使って米の増産が始まって生産量は急速に増加し、昭和三十年には戦前の生産量を回復した。昭和四十二年には過去最高の千四百四十五万トン、一人当たり百四十五キログラムに達したが、皮肉なことに米の消費量は昭和三十八年の千三百四十一万トン、一人当たり年間百三十九キログラム、一日三百八十グラムをピークとして減少し始め、日本史上はじめて米が余るようになった。高度経済成長が始まった頃の東京下町の風景を描いた映画「オールウエイズ　三丁目の夕日」に登場する人々の関心はもはや米の飯ではなく、テレビやマイカーに向けられている。

その後、米の生産量は農水省の減反政策により約八百五十万トンに制限されているが、消費量は約七百十万トン、一人当たりにすれば戦前の三分の一、年間五十六キログラム、一日、百五十三グラムで充足していている。一日に食べる米飯は茶碗に二杯にまで減ったのである。その原因は、食事が洋風化して肉料理、油料理の副食を多く摂るようになったので、主食である米飯の摂取量が減り、さらに三度に一度はパン食をするようになったからである。米から摂取するカロリーは戦前には総摂取カロリーの六十%を占めていたが、今や二十三%に減少し、戦前、家計費の二十五%を占めることもあった米代は僅かに四%で済むようになったのである。

かくして稲作が伝来してから二千年、明治になってからでも百年は続いた米不足が名実ともに解消し、国産米は史上初めて生産過剰になったのである。米の生産を制限する減反政策が始まり、米の生産金額は一・八兆円、GDP の僅か〇・四%に減少した。平成二十二年の水稲の作付面積は百六十三万ヘクタール、米の生産量は八百四十七万トンである。そして、私たちの先祖が営々と拡張してきた水田の実に三十五%にあたる九十万ヘクタールが休耕田として放置されている。平成七年には国家食糧管理法が廃止されて、奈良時代の班田制から始まり、中世の荘園制、徳川幕府の石高制と延々と千四百年続いてきた国家による米の生産管理体制が終わったのである。

最近の「コメ離れ」「コメ余り」現象は古代以来続いてきた米を主食とする伝統的な食習慣が大きく変貌したことを意味している。民族の主食事情が僅か数十年の短い期間にこのように様変わりしたことは諸外国にはかつてなかった現象なのである。

三　和食の栄養改善が国家主導で始まる

日本人が明治維新まで食べ続けてきた伝統的な和食は米食に頼りがちで、ともすれば栄養バランスが悪くなりがちな食事であった。明治四十四年から大正四年までの五年間の食料摂取状況を見てみると、国民一人当たりの食料カロリー摂取量は一日、二千百二十四キロカロリーであるが、その九十三%を米、麦、芋、豆に依存している。このような米、麦、大豆などが中心の食事は第二次大戦前まで大きくは変わらず、食肉、魚介類、鶏卵、食用油などを摂ることはごく少なかったから、タンパク質のエネルギー摂取比率は総エネルギーの十二%、脂質は六%と低く、栄養素のバランスが極めて悪い食事であった。したがって、国民の体格は欧米人に比べて貧弱で、平均寿命も五十歳に満たなかった。

近代国家建設を目指す明治政府にとって、国民の体位向上、疾病予防、健康増進は焦眉の急であった。そこで、国民の栄養摂取状況を改善するため、西洋の近代科学である栄養学の知識を活用してそれまでの日本食を近代化することが国家指導で始まった。近代国家においては、政府が国民の健康増進に対する責任を負うことになったのである。

古くから食事の摂り方が健康の保持や疾病の予防に関係があることは経験的に広く知られていた。しかし、摂取した食物が体内で糖質、タンパク質、脂質などの栄養素に分解されて吸収され、我々の生命活動のエネルギーとなり、あるいは体の一部にもなる「栄養」の仕組みを明らかにする近代栄養学が発展したのは十九世紀の後半から二十世紀初めのことである。今日ではどの家庭でも食事の献立は、糖質、タンパク質、脂肪など栄養素のバランスやカロリーのことを考えて作るのが普通になっているが、このようなことは明治初年に西欧の近代栄養学の知識が導入されてから徐々に始まったことなのである。

日本における全国規模の食料需給調査は明治十二年、内務省が各県ごとに米、麦、雑穀、芋、蔬菜などの消費状況を調査した「人民常食調査」が最初である。さらに、明治十六年には日本最初の食品成分分析表が発表されている。そこには約九十種類の食品について、タンパク質、脂肪、炭水化物、灰分、水分の含量が記載されている。さらに、内務省衛生試験所長心得の田原良純は、国民が必要な栄養を摂取するための「標準食料」を提案した。今日、国民に栄養指導をする根拠としている食料需給表、日本食品成分表、日本人の食事摂取基準の始まりである。

大正十年に国立栄養研究所が設立されると、初代所長となった佐伯矩は一般人のための栄養教育、栄養知識の普及活動に力を注いだ。因みに、それまでの「営養」という用語を「栄養」に改めたのも佐伯である。これら栄養に関する科学知識は、女学校での家事教科書や調理実習、新聞雑誌の解説記事、公的機関による栄養講習会などを通じて世間に広がり、食物のカロリーや栄養素のバランスを考慮して食事作りをすることが徐々に始まった。しかし、一般庶民はまだ貧しくて誰もが栄養十分な食事を摂れたわけではなく、ことに第二次大戦中はひどい食料難に陥ったから、日本食の栄養改善は遅れた。

国民の栄養状態が著しく改善されたのは第二次大戦後のことである。戦前の米食中心、つまり澱粉質を多く食べる食生活から脱却して、肉類や乳製品など動物性食品を多く摂る欧米型の食生活に変える栄養改善運動が実施されたからである。まず、国民の栄養摂取状況を正確に把握するため、毎年、全国五千世帯を対象として一日の食事内容を実地調査する国民栄養調査が昭和二十一年から始まった。さらに、生鮮食品と加工食品を含めて二千種類の食品について、カロリーや栄養成分を記載した食品成分表と日本人に必要な栄養所要量を定めた食事摂取基準が整備され、学校や病院などで栄養指導を担当する栄養士、管理栄養士の制度が発足するなど、国民の栄養状態を本格的に改善、指導する体制が整った。国民の貧弱な栄養状態を改善するためには肉料理、油料理を多く摂る必要があったから、政府はキチンカーを全国に巡回させて料理指導を行った。

こうして、朝食はパン、牛乳、卵、ハムという家庭が増え、夕食の食卓にはビーフステーキ、ハンバーグやクリームシチューなどが並ぶようになった。また、全国の児童、生徒の栄養改善のために始まった学校給食は家庭での食事の改善にも大きな効果があった。その結果、動物性食品の摂取が増えて、昭和六十年頃にはタンパク質、脂肪、糖質の摂取比率が理想的なバランスに収まるようになった。そして、成人の身長は戦前に比べて十センチ伸び、平均寿命が三十歳も延びて世界一の長寿国になった。食べるものが健康の保持と病気の予防に大切であることは昔から誰もが経験的に知っていたが、そのことを栄養学の科学知識で理解して毎日の食事作りに生かすことがようやく実現したのである。科学的な栄養知識の普及が伝統的な日本食を近代化したと言ってよい。

最近の国民健康栄養調査を見ると、日本人の栄養摂取状況はどの栄養素についても平均摂取量が摂取推奨量を上回っているから栄養は十分に足りているように見える。しかし、年齢層別に見てみると、男女ともに十五〜三十九歳の若い世代ではカロリー摂取が推定必要量に比べて少なく、六十歳以上の高年層では逆に過剰摂取になっている。食べ物に不自由しなくなったので中高年層は必要以上に食べ過ぎて栄養過剰になって生活習慣病に苦しみ、若年層は朝食を抜く、無理なダイエットをするなどにより栄養が不足気味になっている。豊かな食生活ができる社会でありながら、飽食と栄養不足が共存する不自然な状態である。

特に問題なのは中高年者の肥満である。肥満者の割合は三十年前に比べると男性では五十歳代で五十％、六十歳以上では倍近くに増えていて、三十～六十九歳の男性は三人に一人が肥満であり、女性でも五十歳以上になれば同じように肥満者が多い。食べ物に不自由しなくなったのでつい食べ過ぎて肥満になり、その肥満があらゆる生活習慣病を誘発している。最近の調査によれば、生活習慣病の患者は人口の三分の一、約四千万人に達しているが、その前兆であるメタボリックシンドローム（内臓脂肪症候群）になっている人が四十歳以上で二千万人いると推定される。メタボ肥満は「生活習慣病の始まり」であるから、食事改善と運動により早期に解消するよう、食生活指針、食事作りのバランスガイド、食育運動などを参考にして一人一人が食事管理をしなければならない。毎日の食事の栄養を管理することはこれまでは国家による集団指導で行われてきたが、今後は個人ごとの自己管理に移行していくのである。

四　軍隊給食と学校給食が推進した栄養改善

日本食が近代化する過程で集団給食という新しい食事形態が生まれた。それは明治に創設された軍隊で兵士に給食した軍隊食と、第二次大戦後に全国の学童を対象にして始められた学校給食である。どちらも多人数の特定集団を対象にして栄養に配慮した食事を継続的に提供する制度であるから、世間一般の食生活に及ぼした影響がすこぶる大きかった。特に、戦後の学校給食は全国千三百万人の小学生を対象にして戦後六十年間、継続実施されているから、育ち盛りの六年間に給食を食べて育った戦後生まれ世代の食習慣に大きな影響を与えた。

軍隊での給食はどのようなものであったのか。富国強兵に邁進する明治政府は、明治六年、徴兵制によって近代的な陸海軍を編成した。兵営で兵士に給食したのは一日に白米六合、九百グラムを基本とする食事であった。当時、民間では一日、二合三勺ぐらいしか米がなく、麦飯ばかりを食べて暮らしていた農村の青年は「軍隊に入れば白い飯が腹いっぱい食べられる」と喜んだという。

編成されたばかりの軍隊を悩ませたのは兵士に脚気が蔓延したことである。脚気は米を主食とする民族に特有の疾患であり、初期の症状は身体の倦怠感、食欲不振などに過ぎないが、やがて多発性神経障害が起きて、ついには呼吸不全、心不全によって死亡する恐ろしい病気である。江戸時代、白米飯を常食するようになった江戸の富裕階級に多発したことから「江戸患い」と呼ばれていた。玄米ではなく白米の飯を支給していた軍隊で脚気が蔓延したのは当然である。

脚気の原因が白米食にあるらしいと判断した海軍医務局長高木兼寛は明治十七年、水兵の食事を小麦のパン、あるいは大麦を混ぜた飯に替えることにより脚気を一掃することに成功した。しかし、陸軍では医務部長であった森林太郎（後の文豪、森鷗外）らが麦飯の採用を躊躇したため、日露戦争で戦病死者四万七千人のうち、脚気による病死者が二万七千八百人にもなるという悲惨な結果を招いた。

脚気の原因が白米食であると判明してからは陸軍の兵隊食は大麦を混ぜた飯に、海軍ではパン食をするように変更された。脚気の原因がビタミンB_1の欠乏症であると証明されたのは、明治四十三年、東京大学教授鈴木梅太郎博士が米糠から脚気予防に効果がある成分、オリザニン（後のビタミンB_1）を単離したことによる。米粒の胚芽に多く含まれているビタミンB_1は白米に精白すると取り除かれ、玄米の五分の一に減少することが分かった。食物の微量成分ビタミンが病気予防に必要であることを科学的に証明し、食事改善に応用した最初の事例であった。

軍隊食では動物性タンパクと脂肪に富む牛肉の煮込みが一週間に三回ほど出された。当時、軍隊での牛肉使用量は牛肉にまだ馴染みがなかった民間の二十倍に近く、兵隊一人、一日に三十六グラムであったという。延べ百万人の兵士を動員した日露戦争では戦地食として牛肉大和煮、ローストビーフ、コンビーフの缶詰、ビスケット、乾パンなどが大量に使われた。農村の青年は軍隊で始めて牛肉のおいしさを知り、兵営内の売店でビールや餡パン、ビスケットなどを買って味を覚えたのである。明治の軍隊食は栄養思想の普及、牛肉料理の普及に役立ったと言ってよい。

時代が変わって、第二次大戦後の食生活に大きな影響を及ぼしたのが学校給食である。今日では学校給食は全国の小学校で行われているが、戦前にはごく一部で行われていたに過ぎない。戦前の学校給食は明治二十二年、山形県鶴岡市の私立忠愛小学校で、貧しい家庭の児童におにぎりと塩鮭、漬物の弁当を週に六日支給したのが最初である。国費で補助して学校給食を実施するようになったのは昭和七年、米の凶作続きで苦しむ北海道、東北地方の農山村で激増していた欠食児童に給食をした時である。昭和十九年からは学校給食奨励規定を定めて六大都市の小学生二百万人に給食を実施することになったが、戦争が激化したために中止になった。

学校給食が再開されたのは、第二次大戦後の深刻な食料難で児童の栄養状態が顕著に悪化したからである。文部省の学校保健統計でみると、昭和二十年の六年生児童の体格は明治四十年代の水準にまで約四十年逆戻りしてしまっていた。そこで、政府は児童の栄養状態を改善するため小学校給食を国庫補助で再開することを決定し、アメリカ駐留軍、ララ委員会（アジア救済連盟）、ユニセフ、ガリオア資金（占領地域救済連盟）などから小麦粉と脱脂粉乳の援助を受けて、昭和二十二年に全国主要都市の児童三百万人に週二回、三百キロカロリーの昼食を支給した。さらに、昭和二十七年からは全国の小学校児童に対象を広げて、コッペパン、脱脂粉乳ミルクとおかずの給食を実施し、同三十三年からは中学校でも実施した。

当時の学校給食では家庭食で不足していた動物性タンパクや油脂を補うために洋風の献立が多く、おかずの定番は鯨肉の竜田揚げ、カレーシチュー、ポタージュスープなどであった。パンとミルク、魚のフライ、マカロニサラダ、グラタン、八宝菜などの学校給食を全国千五百万人の児童、生徒が成長期の九年間、毎日食べたのであるから、児童たちの栄養改善に役立っただけでなく、家庭でのパン食の普及、おかずの洋風化を促進することにもなった。

その反面、伝統的な和風の献立が少ない、おふくろの味、郷土の味がない、子供が好むメニューばかりで好き嫌いができる、食べ残しが多いなどの問題点も生じてきた。現在では児童、生徒の栄養状態を改善するだけではなくて、これまでは家庭の役割であった好き嫌いの矯正、食事作法の躾、食べ物の大切さを教える食育を実践する教育の場になっている。

ついでながら、近年、工場や事務所、病院、保育所、老人ホームなどでも給食を実施しているところが多い。しかし、これらは軍隊給食や小学校給食のように国家が特定の集団を対象として実施する給食ではなく、弁当を作る手間を省く、治療食を支給する、外食より安く食べられるなど、家庭における昼食作り、弁当作りなどを便宜的に代行するものだから、外食の一形態であるとみなすのが適当であろう。

五　誰でも食べられる食の民主化が実現

スーパーマーケットには全国各地の食材、海外から輸入した食料が溢れていて、誰でも食べたいものを欲しいだけ買える。私たちは和風、中華風、洋風料理が入り混じる多様な食事を楽しめるようになった。米飯と味噌汁に野菜の煮物と漬物という戦前の貧しい食事に代わって、肉料理、油料理、乳製品を多く摂る栄養満点の食事である。食肉や食用油を生産するのに費やされた穀物のカロリーを加算した「オリジナルカロリー」が一日に必要とするカロリーの二倍、五千キロカロリーにもなる贅沢な食事なのである。外食店の利用も日常化しているから、昔ならばお祭りの御馳走と同じようなものを毎日食べているのである。

さらに、スーパーマーケットやコンビニに並ぶ食材、食品は全国どこに行っても大きな違いがなくなったから、どこにいても同じようなものが食べられる。現代の食生活の最大の特徴はこのように誰もが、どこでも、同じように豊かな食事をすることができるようになったことである。古来、どの国でも食料は常に不足していたから、支配階級は贅沢なものを食べることができても、民衆は辛うじて命をつなぐだけの食事しかできなかった。ところが、現在は食料不足が解消し、富裕な人も、そうでない人も、都会に住む人も、地方に暮らす人もみんな、同じように豊かな食事を楽しむことができる。国民の誰もが豊かになったので食の階層格差が解消し、日本の食文化史上、初めて「食の平等化、民主化」が実現したと言ってよい。

日本人がこのようになに不自由なく食べることができるようになったのは五十年ほど前からのことである。高度経済成長のお蔭で収入が増えたので、食べることについての経済的負担が欧米先進国並みに軽くなったからである。江戸時代にはそうではなかった。農民は米を作っていても年貢に多くを取り上げられ、満足に食べることができなかった。職人は朝から晩まで稼いでも妻子に飯を食わせるのが精いっぱいだった。明治になっても農村の食事は麦飯に味噌汁、野菜の煮つけと漬物であり、魚や卵はめったに食べられなかった。第二次大戦中から戦後にかけては深刻な食料不足に悩まされ、誰もが腹を空かせていた。

食費が家計支出の何%を占めているかというのがエンゲル係数である。生活が経済的に苦しいと、食べること以外にはお金を使う余裕がなくなる。稼いでも食べるのがやっとという貧しい生活ではエンゲル係数が百%に近くなるのである。江戸の職人の家ではエンゲル係数が六十%ぐらいであったろうし、明治になっても労働者の家庭ではそうであった。昭和初年にはエンゲル係数が三十五%前後まで改善されたものの、敗戦直後は食料難とインフレに悩まされ、生活費の大半を食べることに使っていたから、エンゲル係数は六十三%に逆戻りしていた。

その後、高度経済成長が始まり家庭の収入が増えて生活に余裕ができたので、昭和四十五年にはエンゲル係数が戦前の水準に戻り、さらに昭和五十四年には二十九%に下がり、働いてさえいれば食べることに経済的な心配をする必要がなくなった。総務省が平成十七年に実施した家計調査によると、夫婦と子供一人、月収五十二万円の標準家庭の生活費は三十二万円、その内、食費は七万円弱であるので、エンゲル係数は二十一・五%になる。因みに、先進諸国のエンゲル係数は、アメリカが最も低く十九・三%、カナダ二十三・五%、イタリア二十四・四%、イギリス二十四・九%、スペイン二十六・九%、韓国三十二・九%の順である。国によって食料品の価格や生活習慣が違うので数字の大小を細かく比較しても大きな意味はないが、食べることが大きな経済的負担にならないという点では日本も欧米先進国もそれほどの違いはない。

誰でも、何時でも、どの地域でも、食事が同じように豊かであることは、かつては願っても叶えられなかった素晴らしいことなのである。大多数の国民はお金の心配をしないで食べたいものを好きなだけ食べられるようになったのであるが、そのことが近年思いもよらぬ弊害をもたらすことになった。現今の食生活は健全な状態であるとは言いにくく、考え直すべき多くの問題を抱えるようになったのである。どのようなことか例を挙げてみる。

食料が国内で自給できなくなり、足りない食料を大量に海外から輸入しているにもかかわらず、その三割は使い残して捨てられ、食べ残して捨てられている。主婦が食事を作って、家族そろって食卓を囲んで楽しく食事をすることは忙しい生活の片隅に追いやられた。親と一緒に食事をしていない子供が増え、郷土料理やおふくろの味が忘れられていく。加工食品や外食に頼るなど他人任せの食事が多くなり、農薬や食品添加物が使われてはいないかと心配をしなければならない。中高年者は食べ過ぎてメタボ肥満、そして生活習慣病になり、若者は忙しいからと朝食を抜き、中食、外食に頼っているので栄養が片寄り、かつ不足気味である。

このように私たちの食生活はあまりにも豊かになり、便利になり過ぎ、人任せになり過ぎて、健康や食教育に関する問題が噴出している。食料が豊かになり、だれでも欲しいだけ食べられるようになったのはとても良いことなのであるが、いつしかそれが当たり前のこととなり、とくに有難いとは思わなくなっている。そして、食事をきちんと摂ることを疎かにして、食べ物を粗末にするようになったことが、わが国の食料事情をすっかりおかしくしてしまっている。日本人の「食」は豊かになり過ぎて、思いもよらぬ弊害を生じているのである。

六　家庭の食事が急速に洋風化した

明治から第二次大戦前までの家庭の食事は、米飯が主であり、おかずは野菜、大豆、魚の一汁二菜という江戸時代とさして変わらぬ和食が中心であった。日本食が近代化するのは明治維新に始まったとは言うものの、家庭の日常食が実際に洋風化して豊かになったのは第二次大戦後のことなのである。

明治になっても収入の少ない家庭では朝は味噌汁と漬物、昼はめざし、煮豆、福神漬、夜はがんもどきの煮つけという粗末なおかずでご飯を食べていた。製糸工場で働く女工の食事は、米を一日に四合、おかずは朝、夕が味噌汁と漬物のみ、昼は野菜の煮物であり、干鯵、塩鮭や生り節などが食べられるのは月に七〜八回に過ぎなかった。明治四十三年、朝日新聞に連載された長塚節の小説「土」には茨城県鬼怒川沿いの貧しい農村が描かれている。小作人の食事は米が申しわけほどに入った麦飯に、おかずと言えば青菜や大根の漬物だけであり、飼っている鶏の卵も食べずに売っている。

大正、昭和前期になると、都市の家庭では副食が少し増えて、朝は味噌汁、納豆、佃煮、漬物、昼は塩鮭、野菜の煮物、漬物、夕食には鯖の味噌煮、切干大根と油揚げの煮物、漬物、時にはコロッケ、トンカツ、カレーライスを食べるようになった。しかし、農村では明治の頃とさして変わらぬ自給自足の食事を続けていて、麦飯と味噌汁、漬物、野菜の煮物が主であり、塩鮭や干物を食べるのは月に五、六回の贅沢であった。ただ、それまでは同じ村ならどの家でも食事は同じようなものであったが、この頃になると家ごとに違うものを食べるようになっている。

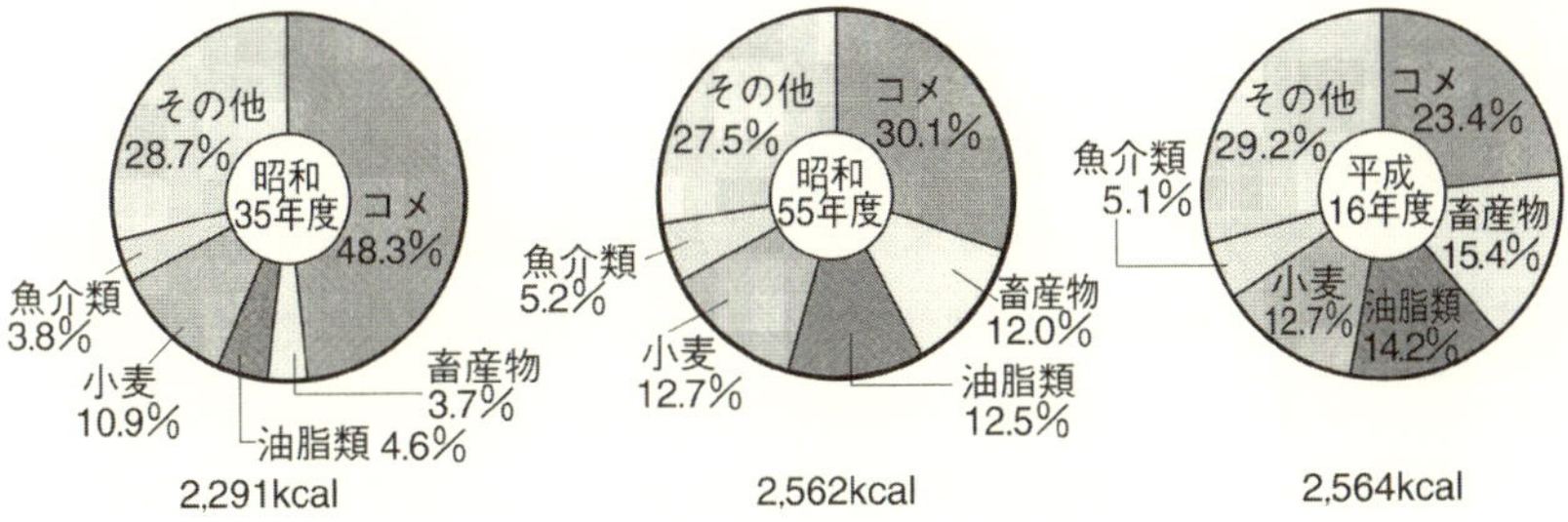

国民１人１日当たりの供給エネルギー内訳

図 5-1　米の消費が減り、畜産物、油脂類の消費が増えた

（日本フードスペシャリスト協会編『フードスペシャリスト論』建帛社、2007 年より）

このような食事であるから、カロリーだけは一日、二千百キロカロリーほどを確保できていたが、その八十％は米、麦、芋、大豆から摂っていて、動物性のタンパク質や脂肪の摂取が少なかった。栄養素のバランスが悪いために国民の栄養状態は悪く、体格は貧弱で、栄養不足による感染症が多く、平均寿命は男性四十五歳、女性四十七歳と短いものであった。

そこで、第二次大戦後は米食に偏った食生活から脱却して、肉料理、油料理の多い欧米型の食事を摂って栄養状態を改善する指導が行われた。その結果、戦前と現在で一日の食料を比較してみると、米の消費は三分の一に減り、野菜の消費は二倍、魚は三倍に増えたに過ぎないが、油脂類の消費は十五倍に、肉類は十三倍に、牛乳、バターなど乳製品は二十八倍と大きく増加した。野菜は大根や里芋の消費が減り、キャベツ、タマネギ、キュウリ、トマトなど肉料理の付け合わせやサラダにするものが多く消費されるようになった。

その結果、昭和五十年頃になると米や麦、芋など澱粉質から摂るカロリーは全体の六割に減り、残りの四割をタンパク質と脂肪から摂るようになったから、タンパク質、脂肪、炭水化物の摂取比率がほぼ理想的なバランスになった。戦後の僅か数十年間で日本のように食生活が急激に変わった国は世界に見つからない。百年前にはまったく想像もできなかった様変わりである。
米飯を食べる量は戦前の四割ほどに減り、一日の主食は平均すると米飯を二杯半、食パン一枚、うどんを三分の一玉である。最近の米の消費量は年間七百六十二万トン、小麦は四百十八万トンだから、米飯とパンの比率は二対一ぐらいだろう。白いご飯は嫌だから食べないという若者もいるから驚きである。それとともに、和風のおかずが少なくなり、味噌汁を飲む回数も減った。和食の調理に欠かせない醤油、味噌の使用量も二〜三割減少している。

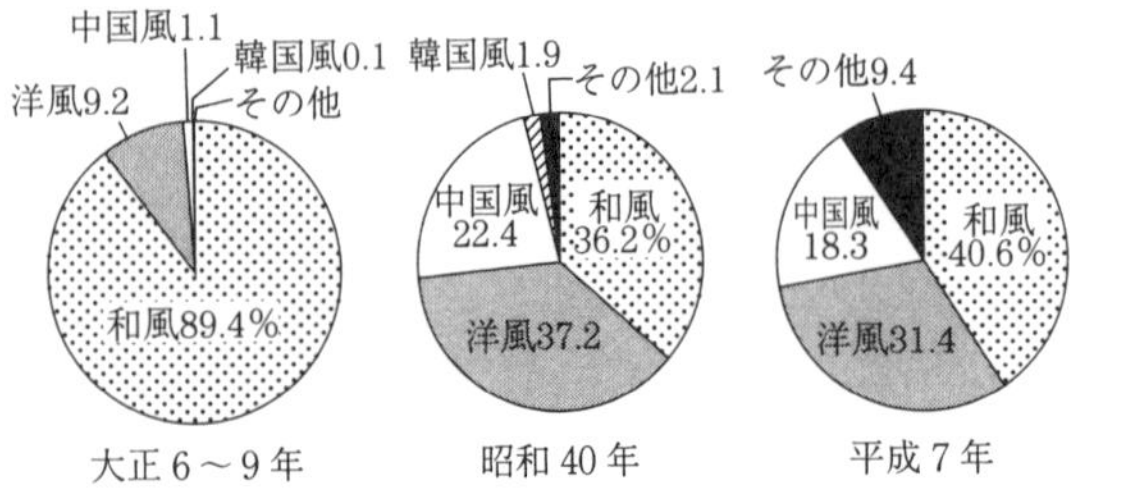

図5-2　家庭料理に洋風料理、中華風料理が増えた
（江原絢子、石川尚子、東四柳祥子『日本食物史』吉川弘文館、2009年より）

現在、家庭で食べている「おかず」を調査してみると、焼き魚、刺身、野菜の煮物、きんぴらごぼう、和え物、冷奴、味噌汁、漬物などの和風料理が少なくなり、ハンバーグ、トンカツ、魚フライ、ビーフステーキ、カレーライス、シチュー、グラタン、コロッケ、野菜サラダなどの洋風料理、餃子、鶏肉唐揚げ、酢豚、焼肉、野菜炒め、マーボー豆腐など中華風料理が増えている。大正年間の婦人雑誌の料理記事はほとんど全部が和風料理で占められていたが、現在、テレビの料理番組や書店に並ぶ料理レシピ本で紹介されるのは和、洋、中華、そしてそれらの折衷料理である。諸外国の料理を積極的に受け入れ、日本風にアレンジしていつの間にか家庭の定番料理にしているのである。

戦前の家庭食は和食メニューが九十%であったが、昭和四十年には洋風料理や中華風料理が増えて和風料理は三十六％に激減した。しかしその後、平成七年頃になると人々の健康志向が強くなり、脂肪を摂り過ぎない和風の料理がヘルシーだと見直され始めた。世界のどの国でも家庭ではその国の伝統の料理を食べることが多く、日本のように外国風の料理が家庭にまでどっぷり入り込んでいるのは世界的に見てきわめて珍しい。

このような家庭食の変化は特に昭和三十五年から昭和六十年頃までに急速に進んだ。終戦から数えて僅か四十年ほどの短い期間に、それまで千年以上も続いてきた和風の食事が一変して欧米風になるという急激な変化が起きた背景には、敗戦によってアメリカ軍の駐留を受け、援助された小麦やミルクで飢えを凌いだという経験がある。餃子などは中国大陸から引き揚げてきた人々が流行させたという。そして何よりも大きな原因は、朝鮮動乱後に日本経済が復興して高度経済成長が始まり、国民の所得が増えて贅沢な肉料理、油料理を食べるゆとりができたことであった。

今一つの変化は家庭の食事に地方色と季節感がなくなったことである。戦前まで日本人の七十五％は農村で暮らしていたから、地場で採れる旬の魚介類や野菜を使う郷土料理や季節ごとの行事食を楽しむことができた。多彩な郷土料理や行事食があることは伝統的な日本食の特色でもあったのである。ところが、第二次大戦後は七十五％の人々が都会に移り住むようになり、都会の食料はすべて遠隔地から運ばれてくるように変わった。食料品の流通が全国規模になったので、スーパーなど量販店では全国各地から季節に関係なく通年的に同じような生鮮食料や加工食品を仕入れて、全国どこでも同じような品ぞろえで販売をしている。だから、家庭で食べる食材は全国どこに行っても同じようなものとなり、地域ごとの郷土料理や行事食が少なくなったのである。

七　食料が国内で自給できなくなった

野生の動物は動き回れる範囲で手に入る食べ物で生きていて、そこに食べ物がなくなれば死んでしまう。人間も同様に住み暮らしている地域で手に入る食料で暮らすのが本来の姿であったが、その地域の食料が不足すれば交易によって他の地域から食料を移入して生き延びることを覚えた。

わが国では戦前まで人口が七千万人足らずで今に比べれば少なかったから、国内の狭い農耕地で生産できる農産物で何とか暮らしていたのである。ところが、第二次大戦後に高度経済成長が始まり国民の所得が増えるにつれて、人口が急激に増え始め、さらには肉料理、油料理の多い贅沢な食事をするようになって食料の需要が数倍に増えたから、その全てを国内で自給することが難しくなった。それでも昭和四十年までは、製パン用の小麦、飼料用のトウモロコシ、油を絞る大豆などは輸入しなければならないが、米、魚、卵、野菜、果物は国内で増産をして食料自給率七十％台を確保していた。しかし、それ以降は人口がさらに三千万人も増えたので国内で生産できる食料だけではまったく足りなくなり、多量の食料輸入が始まった。近年では自給できるものは米だけとなって食料自給率は急速に低下し、平成十年以降ずっと四十％で低迷している。日本人が自国内で自給できる食料で暮らせなくなり、半分以上の食料を海外から輸入しなくてはならなくなったのは、かつてなかったことなのである。

日本の食料自給率が先進国で最も低いのは、人口が多く、農地が狭いからである。現在、農地面積は約四百七十万ヘクタール、人口は一億二千八百万人であるから、一人当たりの農地は僅かに四アール（百二十一坪）に過ぎない、アメリカは一人当たりの農地が百四十二アールもあるから、食料は十分に自給でき、余った食料を輸出している。イギリスやドイツでも一人当たり二十五アールぐらいの農地があるから食料の七十％程度は自給できるのである。日本で食料を完全自給しようとすれば、現在の国内農地四百七十万ヘクタールのほかに、さらに千二百万ヘクタールが必要になる。国内の農地を全て三階建てにして使っても追いつかない。だから、日本は食料自給率が四十％と低いのであり、イギリスやドイツ並みに七十〜八十％を自給することはとても無理である。

スーパーマーケットで輸入食料を探してみると、野菜や果物、鮮魚など生鮮食料品には原産地が表示されているから、輸入品はすぐに見分けられる。野菜は輸入品が十九％、果物は六十二％、魚介類は四十六％が輸入品である。パンやうどん、スパゲティー、サラダ油などの加工食品は国内メーカーが製造したものだから国産だと思っている人が多い。ところが、原料に使用した小麦の八十九％、大豆の九十四％、トウモロコシはほとんど百％が輸入品なのである。牛肉は国産肉が四十三％を占めているが、国産牛の飼料は九十％が輸入穀物であるから国産牛肉と言っても輸入同然である。

肉料理、油料理に欠かすことができない食肉や食用油を生産するには、多量の穀物や大豆が必要になる。牛肉一キログラムを生産するには肉牛にトウモロコシを十一キログラム食べさせなければならない。大豆油一リットルを絞るには大豆五キログラムが必要である。

つまり、昔なら二人分の主食にしていた穀物を、今はステーキやフライに変えて一人で食べてしまうのである。ところが、日本の農業は昔から米作りが中心だから農地の五十五％は水田であり、大豆や飼料用のトウモロコシを大量に栽培する広い畑はないから、これらを輸入に頼るのは仕方がない。日本人がよく食べる魚介類は三十年ぐらい前までは千二百万トンを漁獲して自給していたが、今では自給率が五十四%である。これも近海の漁獲量が最盛期の六割程度に減少したためであるからやむを得ない結果である。しかし、国内で十分自給できる野菜や果物まで輸入しているのは考えものである。

新鮮さが大切な野菜は国内八十万ヘクタールの農地で千七百万トンを生産して自給できていた。ところが二十年ぐらい前から食品業者が安くて大量に調達できる中国産の野菜を多量に輸入し始めたので、国産野菜の生産は作付け五十五万ヘクタール、生産量千二百万トンまで減少し、自給率が八十三%になってしまった。果物もみかん、りんご、梨、ぶどう、柿など十分な生産余力があるのに、自給率はなんと三十八%に過ぎない。消費者が輸入のバナナやグレープフルーツ、オレンジなどを欲しがるからである。消費者の安値志向とわがままな嗜好が国内で十分に自給できる野菜や果物までもを輸入させることになり、生産農家を苦しめている。

日本の伝統食文化の特徴の一つは各地にその地域の地形、風土を生かした郷土料理が数多く発達していたことである。戦前までの食生活は地域での自給自足を原則として営まれ、地域の気候、風土に適した特産農産物や魚介類を主に食べていたから、各地に特色のある郷土料理が発達し、地域や季節の行事食として伝承されていたのである。ところが、戦後は生鮮食材の流通が全国規模で行われるようになり、外国からも輸入されてくる。スーパーマーケットやコンビニなどが発達し、全国どこでも似たような品揃えで販売するから、各地の住民が全国共通に同じものを食べるという状態になった。その結果、各地の郷土料理は姿を消し、地域の食料を大切にする地産地消の習慣も失われてしまったのである。

このような食生活をして、必要な食料の大半を輸入に依存していては、不測の事態が発生したときに国民の食料が確保出来るかどうか心配である。農林水産省の予想によれば、食料が海外から全く輸入できなくなった場合、国内農地、五百万ヘクタールだけでは一人一日当たり米、麦、芋を中心に千七百六十キロカロリーの食料しか供給できないという。近い将来、世界的な食料危機が訪れたなら、日本の食料を心配してくれる食料輸出国はどこにあるであろうか。脂肪の摂取過多になっている現在の食事を見直し、米飯をもっと食べ、肉料理や油料理をセーブして和食中心の日本型食事に戻せば、食料自給率は五十％に回復する。明治までの和食は栄養の大部分を米飯に頼っていたが、現在の和食では魚も多く食べるので、栄養バランスは悪くない。また、和食だけでなく、洋風料理、中華風料理を適宜に併せて摂るのであるから、ヘルシーな和食をより多く食べるようにしても栄養摂取に問題が起きることはない。

今後の食生活では国内の米をはじめとする農産物、魚介類を最大限に活用するように配慮したいものである。和食の伝統を生かすことは食料自給率の回復に繋がる。私たち、消費者が国内の農業、水産業、畜産業にもっと配慮した食生活をするようにしない限り、食料自給率の回復は将来もおぼつかない。

第六章　和食の伝統を明日の「食」に活かす

一　近い将来の食料危機に備えるには

二十世紀初頭の世界人口は十六億人であったが、開発途上国の人口が爆発的に増え始めたので現在すでに七十億人に達し、二〇五〇年には九十三億人になると予想されている。ところが、この急増する人口を養う食料の生産が追い付かない。現在、地球上で生産できる二十二億トンの穀物で養える人口は八十億人が限界と考えられている。穀物を生産できる農耕地はすでに拡大し尽くし、反当り収量もこれ以上には増える見込みがないので、増産したくてもできず、二十一世紀半ばには世界的な食料危機が訪れることが必至である。直近の二十年を顧みても、開発途上国では人口が激増するのに食料の生産が追いつかず、不足する食料を輸入しようにもお金がない。アフリカ諸国などでは九億人が飢えていて、餓死する子供が毎年、五百万人もいるのである。

それなのに、世界人口の二%を占めるに過ぎない日本人が世界市場の食料の十%にも相当する六千万トン近い食料を平気な顔をして輸入しているのである。日本の食料輸入総額は約四百五十億ドルであるから、一ドルを百円に換算すると四・五兆円、国民一人あたりにして年間わずかに三・五万円で済む。日本は経済大国であるから、必要な食料は国内で無理をして増産するよりは、安い海外農産物を買えばよいという姿勢で最近の五十年を過ごしてきたのである。近い将来に食料需給が危機的に逼迫するというのに、これまでのような大量の食料輸入を続けていけるであろうか。

現実に、直近の数年で輸入穀物の価格が暴騰し、FAOの食料品価格指数は十年前に比べて二倍になっている。経済発展した中国がトウモロコシや大豆を大量に購入し始めたからである。それに加えて、石油の代替燃料にするバイオ・エタノールの生産が増え、原料に使うトウモロコシは国際需給が逼迫している。魚介類の輸入も難しくなった。最近、欧米で魚は脂肪が少ない健康食材だと見直されて消費が倍近くに拡大しているので、北米産のマグロやカニ、ノルウェー産のサバ、モロッコ産のタコなどはこれまでのような安値では買えなくなった。このように、食料が買えなくなるのは戦争などの非常時に限るわけではない。これまでのように、世界中から食料を欲しいだけ買い集め、飽食できた時代はすでに終わろうとしている。

近い将来に、世界規模での深刻な食料不足が生じる原因は開発途上国の爆発的な人口増加だけではない。大規模に集約された工業化農業はいつまでも継続できるものではなく、食料生産の基盤そのものが危うくなりかけているのである。土壌の汚染と劣化、一酸化炭素濃度の上昇、オゾン層の破壊などによる気候の異常な温暖化現象、水資源、化石エネルギー資源の不足などが世界規模で拡大して農業生産を脅かし始めている。どれかの要因が臨界点を超えれば、膨張しきっている世界の食料需給バランスは一挙に崩壊する。食料不足が文明社会の衰退につながることはメソポタミア、エジプト、ローマ帝国以来の歴史が繰り返し教えていることである。

そこで頼りにしなければならないのは国内農業であるが、これがまた憂慮すべき状態に陥っている。わが国の農家は耕地が平均二ヘクタール弱と狭くて、十分に機械化できず、労働賃金も高いので、農産物はどれも生産コストが海外諸国に比べて著しく高い。米は十一倍、小麦は十倍、牛肉や野菜でも二～三倍は高いから、安価な海外農産物が大量に輸入されると競争することができない。農水省の試算によれば、環太平洋経済連携協定（ＴＰＰ）など自由貿易協定が締結されれば、安い海外農産物が今以上に流入して国内農水産業の年間生産額は四割減少し、食料自給率は二十七％になるかもしれないという。

農家は生産意欲を失い、販売農家であっても農業所得だけでは生活することができなくなっている。農家戸数はこの五十年間で二百五十三万戸に半減し、農業生産額も昭和六十年の十一兆六千億円をピークとして減少し続け、平成十九年度には八・二兆円になった。農業生産額の国内総生産に対する比率は五十年前には九％だったのに、現在では僅か二％弱に低下してしまった。農業だけでなく漁業も厳しい状況に直面している。五十年前に八十万人であった漁業人口は今や二十二万人に減少し、水産物の生産額は一・六兆円に減っている。

現在、国内の耕地面積は水田、二百五十二万ヘクタール、畑二百十一万ヘクタール、合計四百六十三万ヘクタールであるが、米が生産過剰になったために九十万ヘクタール弱の水田は作付けが行われておらず、中山間地には耕作を放棄した耕地が四十万ヘクタールもある。昔から営々として拡大してきた貴重な耕地が有効に利用されなくなっているのである。

農林水産省は、二〇一五年までに総合食料自給率を四十五％に戻すことを計画し、これら休耕地を利用して小麦、大豆、飼料作物の増産を奨励してきた。農業にも競争原理を導入し、経営効率の良い大規模経営に切り替えて、生産コストを引き下げて内外価格差を縮小する必要があることはいうまでもないのであるが、例え、五十ヘクタール規模で米を生産するとしても、生産コストは半分にしか下がらず、それでもカリフォルニア米の三倍である。小麦でも大豆でも生産価格で輸入物に競争できないから増産が進まず、農林水産省が食料自給率を四十五％に戻すことを計画してから十四年経った現在でも、食料自給率は四十％のままで回復する兆しがない。

わが国の国民の大半は飢えるということを知らない。生まれた時から食べ物はいつでも、いくらでもあった世代である。だから、遠からず深刻な食料不足が到来すると教えられてもにわかに信じることはできないであろう。来たるべき世界的な食料危機がいつどのような展開を見せて訪れるかは誰にも予測することができない。しかし、訪れたならば最も大きい打撃を受ける先進国は、国民の食料の六割もを輸入に依存している日本である。

来たるべき食料不足は回避できそうもないが、だからといって、このまま無為に過ごしていてよいものでもない。過去に食料不足が起きたとき、人々が頼りにしてきたのは食料を自給しようとする意欲と大切に食べようとする賢明さであった。そして、食料自給が地球規模に広がっている現代にあっては、グローバルな輸入とローカルな自給の組み合わせを計画的にコントロールすることであろう。国内農業を活性化する国策は政府や農業関係者に委ねる外はないが、一人の生活者として無駄の多い現在の食生活を自粛することならばできるであろう。狭い国土を最大限に耕作して食料を生産し、無駄なく食べてきた日本人の勤勉さ、そして米飯を中心にして地域の魚と野菜を大切に食べる和食の知恵を思い出そうではないか。

前章の七で提案したように、脂肪の摂取過多になっている現在の食事を見直し、米飯を多く食べ肉料理や油料理をセーブして三十年前の日本型食事に戻せば、自給率は五十％に回復し、同時に肥満や生活習慣病も解消する。さらに、年間二千万トンにもなる食料の無駄使いや無駄捨て、千万トンにもなると言われている食べ過ぎ、飽食を止めれば、食料自給率は六十％ぐらいに回復するのである。

今後の食料は値段が安い、高いで選択するのではなく、国内の農業、水産業、畜産業が維持できるように配慮して選択することが必要なのではあるまいか。将来は、いかに自給し、いかに輸入するかに加えて、いかに消費するかが大きな課題になるのである。消費者が無駄の多い食生活を自粛して食料を節約しない限り、将来の食料の安定確保はおぼつかない。

二　資源を浪費する贅沢な食事を自粛する

かつては野菜や果物は旬の季節に食べるものであったが、今ではハウス栽培されたトマトやキュウリなどが年中いつでも手に入る。秋の味覚であるサンマも冷凍しておけばいつでも供給できる。消費者が季節に関係なく一年を通して欲しがるためではあるが、そのために石油エネルギーが多量に消費されていることを知っている人は少ない。

太陽と風、雨に頼り、人の手で耕す農業であれば、それ以外のエネルギーは必要でない。しかし、化学肥料や農薬を使い、機械化された農業ではそうではない。例えば、キュウリを畑で栽培して一本、百グラムを収穫するのであれば、必要なエネルギーは化学肥料や農薬、耕運機などに使う百キロカロリーで済むが、加温ハウスで栽培をするとハウスの暖房に多くの燃料を使うからその五倍の五百キロカロリーが必要になる。一本のキュウリに六十二ミリリットルの灯油を使い、百五十五グラムの二酸化炭素を排出することになる。真冬に温室で採れるトマト一個には三百ミリリットルの灯油が使われているから、トマトをかじるのではなくて、灯油を飲んでいるようなものである。トマト、キュウリ、ピーマンなどの約六十％がハウス栽培で供給されている日本の農業はエネルギーの無駄使いが多いから、農産物の生産金額当たりのエネルギー消費量を比較すると機械化されたアメリカ農業の五倍であり、世界のワーストスリーである。省エネルギー、地球温暖化防止のためにも、真冬にイチゴやトマトを食べることを我慢しようではないか。大寒の一月十五日をイチゴの日と定めて温室イチゴの消費宣伝をするなどは嘆かわしい限りである。

石油焚き原発燈《とも》し作り出す　大粒イチゴ冬を彩る　　前田一揆

肉牛や高級魚を飼育、養殖するのにも多量の飼料が使われる。牛肉一キログラムを生産するには十一キログラムの飼料穀物が必要で、同様に豚肉なら七キログラム、鶏肉なら四キログラム、鶏卵でも三キログラムの穀物が必要である。牛肉一キログラムの食品カロリーは二千八百六十キロカロリーであるが、それを生産するにはその三・七倍の一万七百キロカロリーの穀物が使われている。

ブリ一キログラムを海で漁獲するのであれば、漁船の燃料エネルギー、漁船、漁網などの製造に使ったエネルギーを合計しても四千七百二十キロカロリーあればよい。しかし、養殖する場合には餌のイワシ八キログラムや養殖設備の電力などが必要になるので、三万五千三百キロカロリーものエネルギーが必要になる。切身一キログラム当たり灯油四・四リットルに相当するエネルギーが必要なのであり、それは切身の食品カロリー二千五百六十キロカロリーの約十四倍にもなる。また、漁獲した魚を冷凍しておいて季節に関係なく供給するためにはさらに多くのエネルギーを必要とする。

魚介、蔬菜、果物などが最もおいしく、漁獲高、生産量も多い季節を「旬」というが、外国語には旬という意味を表現する言葉が見当たらない。日本のように季節ごとに旬の食材が数多く手に入る国は少なく、それら旬の食材の新鮮さを生かして調理するのが日本料理の特徴であった。かつては中央卸売市場に入荷する生鮮食料は旬の季節には多く、端境期には少ないのが普通であったのに、今では促成栽培、養殖、冷凍貯蔵、遠隔地からの長距離輸送などによって、季節に関係なく年中、同じように入荷している。都市の住民がキュウリやトマト、キャベツやレタスなどを季節に関係なくいつでも欲しがるからである。旬の野菜や魚を楽しんできた日本伝統の食文化は忘れられかけている。今後はエネルギー資源を節約するために野菜、果物などは地産地消を原則として、できるだけ「旬」の季節に食べることにしてはどうだろうか。

養殖魚や冷凍魚が増えたのは漁業資源の保護のためでもあるが、なによりも消費者がおいしい高級魚を季節に関係なく安値で欲しがるからである。ウナギは九十九％が養殖、マダイは八十二％、ブリは六十六％、フグも五十二％が養殖になった。冬のトマト、霜降り牛肉、ウナギの蒲焼き、タイの塩焼きなど、今日では贅沢とは思わずに食べているが、そのために多量の石油や穀物、小魚が浪費されている。わがままなグルメ志向は自粛したい。

さらに、日本では多量の食料を海外から輸入しているから、長距離輸送に使う石油燃料が莫大な量になっていることを忘れてはならない。輸入する食料の重量五千八百万トンにその輸送距離を掛け合わせて集計した「フードマイレージ」は九千億トン・キロメートルになる。アメリカはほとんどの食料を国内で自給できるから海外からの輸入は少なく、フードマイレージは日本の三分の一で済む。フードマイレージが大きいということは、食料の輸送にエネルギーを多く使っているということを意味する。国民一人当たりで比べてみると、日本はアメリカの八倍もの輸送エネルギーを使って食料を調達しているのである。

たとえば、オーストラリアからアスパラガスを五本、約百グラムを輸入すると、四百五十三ミリリットルの石油が消費されるから、アスパラガスが石油漬けになってくるようなものである。省エネルギー、地球温暖化防止のためにも、野菜、果物などはできるだけ国産のものを食べることにしてはどうだろうか。

さらに加えて、消費者はこうして調達した貴重な食料の三割を惜しげもなく無駄に捨てているのである。日本で消費される食料は国民一人、一日当たりカロリーに直して二千五百七十三キロカロリーであるが、その内、食事として食べたのは、つまり、お腹に取り込んだのは千八百五十一キロカロリーである。実際に食べたのは使用した食料の七十二%に過ぎない。だから、国内産、輸入を合わせた一年間の供給食料、一億二千万トンの三割近く、三千三百万トンが食べられることなく、食べ残し、使い残しで無駄に捨てられていることになる。昭和五十年頃まではこの無駄が十一%であったのだから、それからの三十年間で食料の無駄使いが二・五倍に増えたことになる。

環境省の調査によると、食品製造業、外食店などから排出される生ごみが年間千百三十六万トン、家庭から出る生ごみが一千万トンであるから、合計すると食品の廃棄量は二千百三十六万トンになる。これだけでも年間に消費する食料の十八%に相当する。魚の頭や骨、野菜、果物の皮などが調理屑として廃棄されるのは仕方がないが、食品メーカー、スーパーやコンビニでの売れ残り廃棄、家庭で買いすぎたものを使い切れずに捨てる、あるいは食べ残すなど、「食べられる食品」が年間五百万トンから九百万トンも捨てられているのには驚く。廃棄するのは魚の頭や骨、野菜、果物の皮など調理屑だけにすれば食料の無駄は十五%、千八百万トンぐらいに減らせるだろう。現在、二十八%にまで増えている食料の無駄捨てを、十五%に減らせば食料自給率は四十%から四十七%に戻ると計算できる。

三　飽食と欠食が共存する歪んだ食生活を正す

朝は忙しいからと言って朝食を摂らない若者が増えてきて、二十歳代の独身男性では三人に一人、女性では五人に一人になっている。国民全体で見ると十三％の人が朝食を食べていない。朝食を抜くだけではない。二十歳代から三十歳代の男性のサラリーマンでは一割近い人が忙しいからと昼食を食べていない。

一日に三回、きちんと食事をする人が少なくなり、忙しい二十歳代の若者世代では男性は六十二％、女性は七十六％である。それどころか、一日に一食しか食べない人が男性で六％、女性で二％いる。また二十歳代の女性では行き過ぎたダイエットをする人が多く、やせ過ぎになっている人が三十年前の二倍に増えて三十％近くになった。昔のように食料が乏しいから食べずに我慢しているのではなく、食べることが面倒であるから食べないのであり、食事が健康維持に欠かせないものであることを忘れているのである。その結果、二十歳代では平均してみると男女ともにカロリー摂取量が所要量に比べて二十％近くも足りないのである。

また、昼食を外食、あるいは中食で済ませている人は二十歳代から四十歳代の男性なら二人に一人、女性でも五人に二人がそうであり、夕食も若手のビジネスマンなら二人に一人、ＯＬなら三人に一人は外食で済ませている。中食や外食の利用が多くなると食事内容のコントロールが難しくなる。コンビニ、スーパーなどの弁当には高タンパク、高脂肪の肉料理が多く、魚、野菜、海藻が不足している。そのため、カルシウム、鉄、ビタミンなどが不足気味になる。空腹さえ満たせばよいと考えて、バランスの良い食事をすることを忘れているために、これだけ食料の豊かな時代でありながら若年層には栄養不足が起きている。

中高年者には肥満が目立つようになった。肥満者の割合は三十年前に比べると男性では五十歳代で五十%、六十歳以上では倍近くに増えていて、三十~六十九歳の男性は三人に一人が肥満であり、女性でも五十歳以上になれば同じように肥満者が多い。中高年になると基礎代謝量が若い頃に比べて二百キロカロリー以上少なくなるにもかかわらず、それに合わせて食事の量を減らしていないから過食になりやすい。そこへ運動不足が重なって肥満が急速に増えたのである。腹八分目で良しとしてきた先祖の戒めを忘れているのである。

食べ物に不自由しなくなったのでつい食べ過ぎるから肥満が増え、肥満があらゆる生活習慣病を誘発している。平成十一年の国民健康栄養調査によれば、五十~六十九歳の人は三十~五十五%が境界型を含めた高血圧、三十~四十五%が高脂血症、二十~三十%が高血糖である。高血圧症患者は境界型を含めて三千五百万人、高脂血症は三千二百万人、糖尿病は予備軍を含めて二千二百万人、骨粗鬆症は一千万人である。これらの疾患に重複して罹っている人も多く、生活習慣病患者は人口の三分の一、約四千万人に達している。腹八分目に食べて健康に過ごすことを忘れ、食べ物が有り余るほどあるのをよいことにして欲しいままに食べることから生活習慣病の蔓延が始まったのである。

まとめてみると、食べ物に不自由しなくなったので中高年層は必要以上に食べ過ぎて栄養過剰、若年層は朝食を抜く、無理なダイエットをするなど不自然な食生活をしているので栄養不足である。昔は食事を存分に摂れるのは一部の権力階級か富裕階層だけであり、大多数の民衆は貧しくて満足な食事ができなかった。今は誰でも豊かな食生活ができる社会でありながら、全く別の理由で飽食と栄養不足が共存しているのである。

飽食と運動不足の毎日を過ごし、加工食品や外食に頼る人任せの食生活を送っていると、当然ながら、自分の食生活に自信が持てなくなり、三人に二人は将来の健康に大きな不安を感じている。そこで、健康食品、サプリメントなどに飛びつく人が多い。最近の調査によると、健康食品やサプリメントを毎月数千円で購入し、日常的に利用している中高年者が三人に一人はいる。だから、健康食品全体の売り上げは年間二・五兆円を超えていて、主食である米の生産金額より多いという異常な事態になっている。主食、主菜、副菜を基本にしてバランスの良い食事を規則正しく摂っていれば、食物繊維、ＥＰＡ、ＤＨＡ、イソフラボンなどは必要量を摂取できるから、わざわざ健康食品で補給する必要はない。また、補給してみても三度の食事をきちんと摂っていなければ効果はない。

四　和食が復活する兆しあり

第二次大戦後、家庭では和食の人気が低落した。肉料理、油料理の多い洋風、中華風の料理が歓迎され、米飯を主体にして魚と野菜のおかず、味噌汁と漬物という戦前までの日本食、つまり「和食」は少なくなった。ところが、最近、和食が体にやさしい健康食であると評価され直して復活する兆しがある。家庭の食卓に和食メニューが出る割合は一時、三十％ほどに低下していたが、最近では四十％を超えるところまで復活してきた。書店の料理レシピ本のコーナにも和食系のヘルシー料理が目立つようになっている。

インターネットで全国十万世帯の夕食メニューを調査してみると、主菜は洋風、中華風のものが多いが、副菜にはまだまだ和風の料理が多い。男女ともに中高年になると和風好みが増え、ホテルの立食パーティでもテリーヌやハムよりも鮨、てんぷらといった和食が先になくなる。また、海外旅行が一、二週間続くと、梅干しや醬油の味が恋しくなる人は多い。

和食とか、日本料理という表現は戦後から使われるようになった。日本酒、日本茶、日本そばなどと同じように、それまで日本人が日常的に食べていた料理を戦後急に増えてきた欧米料理や中華料理と区別する用語である。かつては明治の文明開化によって、近くは第二次大戦での敗戦を経験して、肉、ハム、ソーセージ、バター、チーズなどを多く使う欧米風の料理が多くなり、家庭の日常食はかつてなかったほどに大きく変わった。今日、和風、洋風、中華風の料理が混然と並ぶ家庭の食事は高級料亭で提供されている伝統的な日本料理とは全く別のものになっている。しかし、カタカナ英語が多くなっても日本語が英語に変わったわけではないのと同様に、伝統的な和食が失われたわけではない。食材や料理法は大きく変わったが、日本人の嗜好は変わったと言われるほどには変わっていない。伝統的な日本の食事のパターンを残しながら、肉や乳製品などの料理を取り入れているのである。

明治維新まで食べてきた伝統的な和食の歴史を調べて、「和食」の構成要素を探ってみると、米飯を主食にして、魚介類、野菜を多く使った料理を、箸を使って食べる。味噌、醬油、味醂などの発酵調味料と鰹節、昆布などの出汁を使う。地域ごとに採れる魚介類、野菜、海藻の「旬」を大切にして、新鮮な持ち味を引き出すように調理する。刺身や煮物などは形よく見せるように調理し、絵付けした皿、椀、鉢などに美しく盛り合わせて食べる人の目を楽しませる、などであろうか。外国人は和食を「食べる芸術品」だと賞賛するそうである。各地方に郷土食、季節ごとに行事食が多いのも特色である。

すでに説明してきたように、日本人は古代から現代にいたるまで絶えず中国、朝鮮、欧米の食事文化を積極的に取り入れてきた。しかし、これは中国から伝来した、これは欧米から移入したと、タマネギの皮をむくように取り外していけば芯には何も残らないというのではない。日本の食文化は外来系の複合食文化ではあるが、外来の食をそのまま重層化するのではなく、日本の国民性や風土に合わせて選択、変容させて、絶えず日本らしさを追求して「和食」という我が国独自の食事文化を形成してきたのである。

我が国は平均寿命が世界一になり、高齢化が急速に進んでいるにもかかわらず、極端な肥満や生活習慣病の罹患率が欧米に比べて少ない。これは洋風化したとは言いながら、まだまだ米と魚、野菜を多く食べる日本食のせいではないかと考えられている。戦後、我が国では米飯を中心にする、つまり澱粉質を多く食べる食生活から脱却して、肉類や乳製品など動物性食品を多く摂る欧米型の食生活に変えるよう栄養指導が行われた。その結果、昭和五十五年頃にはタンパク質、脂肪、糖質の摂取比率が理想的なバランスに収まるようになり、国民の体位が向上し、平均寿命は世界一になった。

日本では食事が豊かになったにもかかわらず、総摂取エネルギーが一日、約二千キロカロリー以上に大きく増加しなかったのがよかった。欧米諸国では三千キロカロリー以上もある食事を摂り、しかも肉料理が多いので脂肪の過剰摂取になって肥満、高血圧症と動脈硬化が増え、心臓疾患が多発している。ところが、わが国では米飯が減ったといっても、まだまだ米中心の食事であることには変わりはなく、そして、動物性タンパク源として魚を多く摂ってきたことがよかったのであろう。タンパク質の半分近くを米飯と脂肪の少ない魚から摂っていたから、脂肪の摂取過多にならずに済んでいたのである。

魚肉のよいところは脂肪が獣肉に比べて数分の一と少ないことである。牛肉や豚肉には脂肪が二十％ぐらい、脂身であれば四十％も含まれているが、魚はウナギやマグロの脂身を例外として、脂肪は数％に過ぎない。とくに、エビ、カニ、イカ、タコや貝類は脂肪が少なく一％以下である。この違いが、日本人に比べて肉類を数倍も多く食べている欧米人が脂肪の摂取過多に悩み、欧米人に比べて魚を数倍多く食べてきた日本人がそうでもない理由に挙げられている。

米飯やうどんなどの主食でカロリーの半分近くを摂り、副食に魚や野菜を多く食べる和風の食事は、パスタやスパゲティーと、魚と野菜、オリーブ油を多く使う地中海料理と並んで、理想的な健康食だと国際的にもてはやされていた。和風の食事の多かった三十年前の日本には肥満や生活習慣病が今日のようには蔓延していなかったのである。ところが、最近では米の消費が加速度的に減少し、食肉、乳製品、食用油の消費の増加が止まらず、魚の消費は急減し始めた。そのために、脂肪からのエネルギー摂取比率が上限とされる二十五％を超えて二十九％に迫り、中高年者に肥満が増加して生活習慣病が蔓延してきている。国民の健康維持のためにも、ヘルシーな和食を活用しなくてはならない。

五　食事作りは簡便になったけれど

家庭の食事作りが大きく変わり始めたのは高度経済成長が進行していた昭和三十年代から四十年代のことである。若夫婦は親と別居して核家族で暮らすようになり、娘も家事を手伝うことなく職業に就くので、これまで母親から娘へ、姑から嫁に伝承されてきた炊事と料理のスタイルが一変したのである。若い母親たちが料理の参考にしたのは昭和三十年代から増え始めたテレビの料理番組や新聞、雑誌の料理記事であった。

食事を作る場所にも変化が起きた。土間に竈と七輪、井戸がある暗い台所は昭和三十年代にガス、水道、ステンレスの流し台のある明るいキッチンに変わり、炊事用具が電化された。トースター、電気釜、ミキサーが使われ、昭和四十五年頃にはどの家庭にも電気冷蔵庫が備えられて主婦たちを毎日の買い物から解放した。昭和五十年代には電子レンジが冷凍食品、コンビニ食品とタイアップして急速に普及した。「チンする」という新しい調理用語が生まれるほどに活用されている。

戦後の日本の食事作りをこれほどまでに便利なものに変えたのは、食品会社が次々と開発した便利な加工食品である。主婦が毎日、市場に生鮮食材を買いに行き、台所に長時間立って調理するというかつての食事作りは、電気冷蔵庫、冷凍庫、電子レンジの普及と便利な加工食品、とくに冷凍食品、レトルト食品、カップヌードルやインスタント味噌汁などの即席食品、持ち帰り弁当や総菜などの調理済み食品、さらにだしの素、マヨネーズ、壜詰めのドレッシング、ポン酢、麺つゆなどの合わせ調味料を利用することにより著しく簡略化された。日本人にとって漬物のない食卓は考えられなかったが、今や都会では浅漬けや糠漬けを家庭で漬ける主婦は珍しくなり、漬物は店で買うのが当たり前になっている。だから、家庭で購入される食材の支出金額を見てみると、米や大豆などが六%、精肉、鮮魚、野菜など生鮮食材が三十三%と少なく、それに対して加工食品が実に六十一%を占めているのである。

食料品を買うのも便利になった。便利な買い物に役立っているのは、戦後アメリカから移入されて成長した食品スーパーマーケットとコンビニエンスストアであり、スーパーとコンビニで販売される生鮮食料品、加工食料品は食品小売り総額の半分以上を占めている。

生鮮食料、加工食品、菓子、飲料を含めて食品の総合量販店であるスーパーマーケットは、「低価格」「セルフサービス」「なんでも揃う」を売り物にして全国に二万店舗、人口六千四百人に一店舗にまで増えた。

週末にスーパーで一週間分の食料をまとめ買いして、家庭の冷蔵庫、冷凍庫に保存しておくことが普通になった。コンビニエンスストアは「歩いて買いものに行ける」ように、人通りの多い街中で二十四時間、年中無休で営業している。コンビニエンスストアは全国に五万店舗、人口二千五百人に一店舗がある身近な存在である。売り上げの七十％がおにぎり、弁当、総菜、菓子、飲料などすぐに食べられる食品であり、食事作りをしない学生や単身者、昼食を買うサラリーマン、食事作りが面倒になった老年者にとって、コンビニは「家庭の冷蔵庫代わり」になっている。コンビニでよく売れるおにぎりやペットボトルのお茶飲料は「もったいない」よりも簡便性、利便性を追い求める現代の食生活の申し子であると言ってよい。

子供を育てている家庭の夕食を全国で調べてみると、ほぼ手作りしている家庭は六十五％で、それ以外は加工食品や持ち帰り総菜などを使って簡単に夕食を作っている。食事作りにかける時間は平均すると朝食なら十五分、三品か四品のおかずを作る夕食でも四十分はかからない。昔は炊事に大変手間がかかったので、食事ができ上がるのを待ちかねて家族が集まって一緒に食べたのである。今は食事作りがこんなに便利になったので、食事はいつでも摂れるものと考えるようになり、自分の都合の良いときに独りで勝手に食事をする個食が増えてきた。また、休日や仕事の帰りが遅くなったときには、家族揃って外食をすることが日常のこととなっている。外食に使うお金は平均すると食費の十八％にもなるから、外食産業は「家庭の食卓代わり」になっていると言ってもよい。

このように食品産業が肥大化したために生じた弊害がある。高度経済成長が始まる直前、昭和三十一年の食品関連産業の経済規模は四兆円で現在に比べれば小さいものであったが、その三十五％は食料の生産者である農家や漁業者に還元されていた。今では経済規模は七十四兆円に増加したが、生産者にはその十二％、九兆円が還元されるだけである。国民全体で食料品店、外食店を通じて飲食に使うお金は約七十四兆円と大きくなっているが、そのうち農家や漁業者の収入として戻るのは九兆円に過ぎないのである。例えば、魚や野菜は生産地では驚くほどに安いが、それを都会に出荷すると集荷、運送、卸売りの経費が嵩み、数倍の値段になるのである。食料を生産する農水産業に比べて、食料を販売する流通、小売業、加工する製造業、料理を提供する外食サービス業が膨張し過ぎて経済バランスがおかしくなっている。生きることに欠かせない食料を生産する農業、漁業、畜産業が、食の消費に携わる食品加工業、流通小売業、外食産業の経済力に圧倒され、余りにも報われず、産業としての活力を失っているのである。そして、膨張し過ぎた食品の消費経済を維持するために、行き過ぎた食の豊かさ、便利さが求められ、必要のない食の消費が強いられているのである。

六　わが家の味、おふくろの味を残す

生鮮食材を市場で買ってきて主婦が台所で調理し、家族揃って食べるという戦前の食事形態から、週末にスーパーでまとめ買いをして冷蔵庫や冷凍庫に保存しておいた食材を使い、あるいは調理済み食品を買ってきて簡単に済ませ、あるいは家族一緒に外食店に食べに行くというように変化した。

成人女性の被雇用率が二十代では七十六％、五十歳代でも六十一％になり、夫婦共働き世帯は全国五千三百万世帯のうち一千万世帯を超えている。成人女性の六割以上が職業を持っているのだから家事のすべてを女性がすることは肉体的にも、時間的にも無理であるのだが、食事作りは依然として九割近くが女性

の分担になっている。そこで当然の成り行きとして食事作りにかける手間と時間をできるだけ少なくしようとする。また、食事作りを家族への愛情であり、また義務でもあると考える感覚が薄れ、毎日、二回以上の食事作りをする主婦は二十歳代なら二割で、三十歳代から六十歳代でも六割強に過ぎなくなっている。

家庭で食事作りをするとしても、時間と手間を省くため生鮮食材よりも加工食品、調理済み食品を使うことが多い。ことに、昼食はパン、ハンバーガーなどのファーストフード、コンビニ弁当、持ち帰り総菜などで済ますなど、調理らしい調理をせずに食事をすることが増えているのである。特に若い女性は食事をすることを遊び感覚で捉え、次々流行する目新しいスナック料理やファーストフード、スイーツなどを追いかけている。食事をすることが生きるための栄養を摂るとい

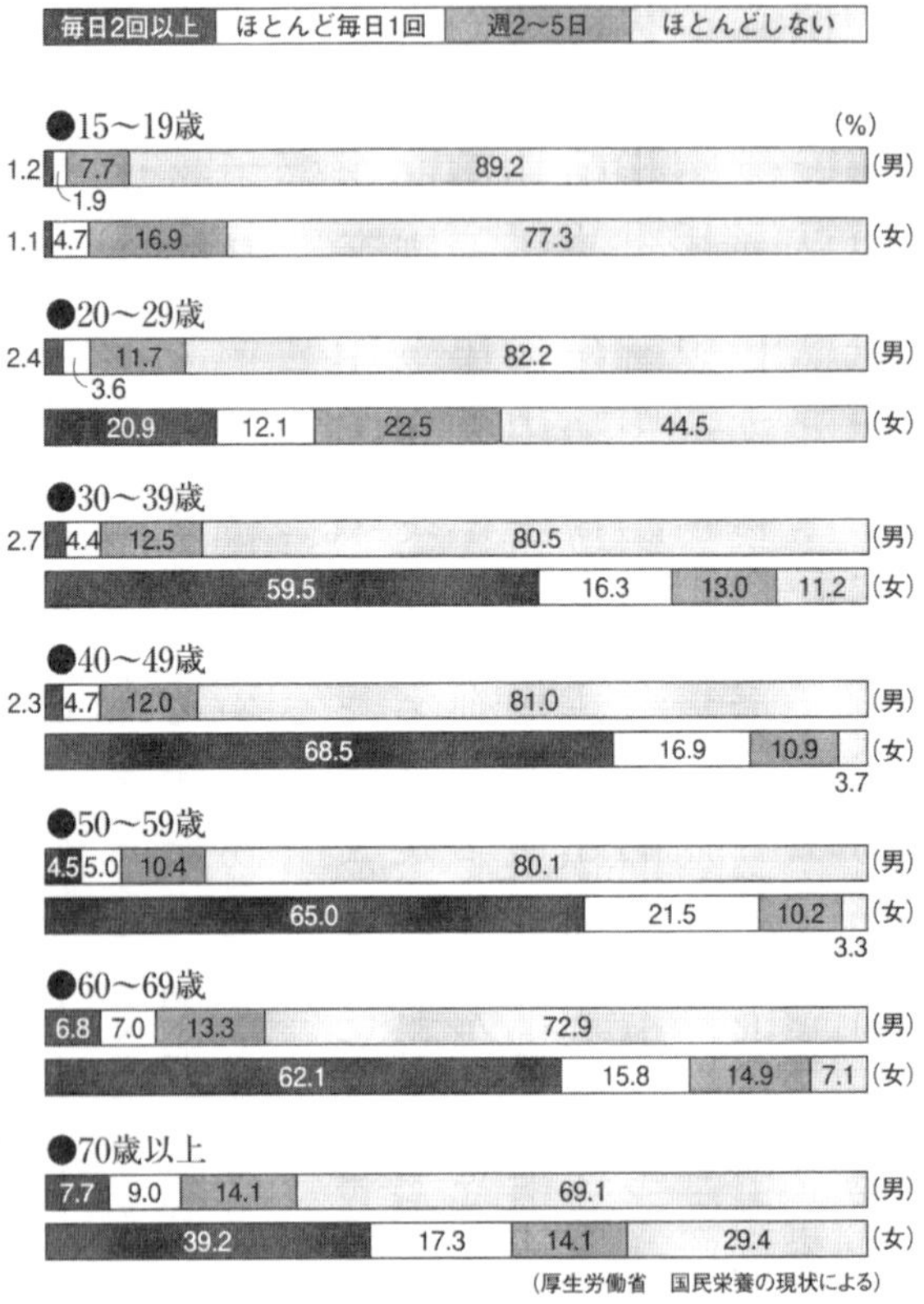

図 6-1　食事作りをする頻度が減っている
（橋本直樹『食品不安』NHK 出版、生活人新書、2007 年より）

う本来の役目から離れ、ファッション化、娯楽化しているのである。

四十年ほど前までは、家族揃って家庭外で食事をすることはめったになかったが、大阪万博が開かれた昭和四十五年の第二次資本自由化により外資系のファーストフード店やファミリーレストランが相ついで日本に進出してくると、日曜日にはマイカーで家族でドライブを楽しみ、帰りにファミリーレストランに寄って食事をすることが流行した。これが食事のレジャー化の始まりであった。国民の二人に一人が見物したという大阪万博はそれまで経験したことのない世界の味の博覧会でもあった。ロシア館のピロシキやボルシチ、ブルガリア館のヨーグルト、アメリカ館の巨大なビーフステーキ、ハンバーグ、ホットドッグ、フライドチキン、ドーナツなどが人気を集めたのはこの時である。その後、八十年代のバブル経済時代には、家庭では味わえない本格的料理を提供する和洋中の高級料理店が人気を集め、バブルがはじけるとご当地名物の焼きそばや餃子など庶民的なB級グルメに走った。そして、世界各国のファーストフード、スナック料理、スイーツなどが次々と目まぐるしく流行し、それを追いかけることが若い女性のファッションになっている。

最近では、外食をすることはレジャーではなく日常のこととなり、家族揃って外食店を月に二〜三回利用するのが普通になった。二十歳代の独身男女なら週に平均二回は外食店に行くという。その外に、学校給食、工場、事務所などでの職場給食という戦前にはなかった形の外食が生まれて、家庭で弁当を作って持参するという習慣も少なくなったのである。外食店は全国に四十二万軒、住民百二十世帯に一店舗ある状態になり、家庭の食費の十八％が外食に使われるから、外食店の総売り上げは二十兆円になっている。

家庭の外で食べる「外食」ではないが、家庭の「家庭内食」でもなく、その中間に位置する「中食」が増えて、食事は家庭で用意するものというこれまでの概念が大きく変ることになった。朝の通学や通勤途中に

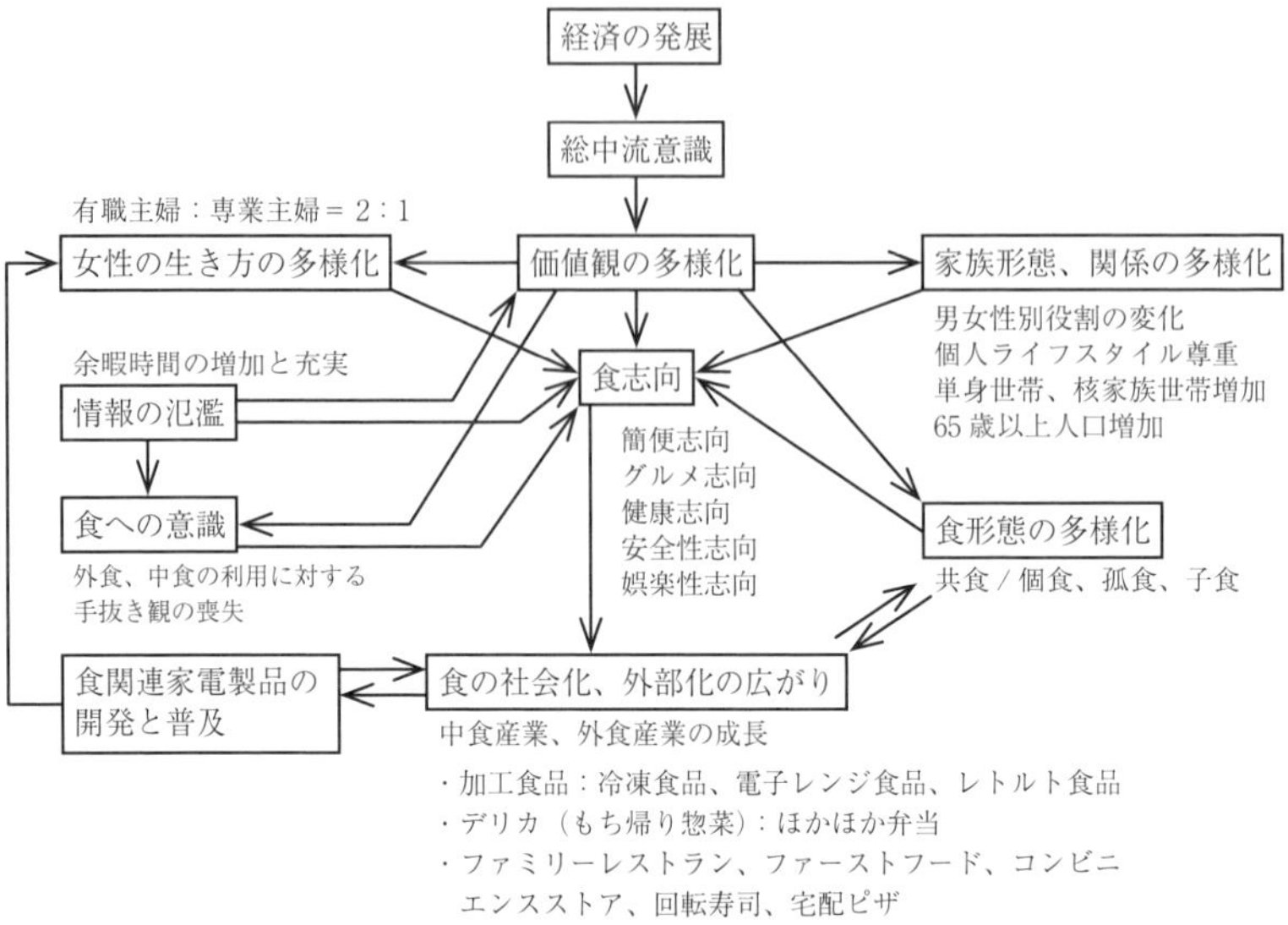

図 6-2　食が外部化する社会背景

（江原絢子、石川尚子編著「日本の食文化」アイ・ケイ　コーポレーション、2009年より作成）

カフェかコンビニに立ち寄ってテイクアウトしたサンドイッチを会社に着いてから食べ、カップコーヒーを啜る。昼はコンビニで弁当とお茶を買い、教室や職場で食べる。夜は帰り道にあるスーパーでパック詰めの揚げ物、煮物とサラダを買い、家でパックご飯を温め、インスタント味噌汁にお湯を注いで食べるのである。持ち帰り弁当屋、コンビニ、スーパーなどの総菜売り場で販売されている弁当、総菜、調理パン、おにぎり、寿司など持ち帰りの調理済み食品はビジネスマンや学生、高齢者などの昼食、夕食に重宝がられている。これら中食の総売上高が八兆円にもなっている。

　平成十七年度の家計調査によると、家庭の食費の十％が中食に、十八％が外食に支出されている。両方合わせると日常の食事の二十八％は家庭で調理をしていないことになる。四十年前には家庭で調理して食べることが普通であったから、この比率は十％であった。今では日常の食事の三割は調理をしないで食べているわけで、若年単身者なら七割にもなるという。それに、加工食品の利用を合わせれば、家庭での食事作りの実に七割が人任せ、つまり外部業者に任せられているという日本の食文化史上はじめての事態になった。この食の外部化現象は忙しい現代生活の中で起きるべくして起きた社会現象であり、世界諸国に先駆けて外食、中食、内食を上手に使い分ける新しい食文化が生まれようとしているのである。

昔は主婦が食事を手作りするのが普通であったから、主婦の嗜好がその家族の味となり、おふくろの味となっていた。今は手作りの食事が少なくなったから、おふくろの味や我が家の味が失われようとしている。近いうちにおふくろの味に代わって「あのファミレスの味が懐かしい」という世代が登場するだろう。母親が手作りしてくれた芋の煮転がし、肉じゃが、ポテトサラダなどは家族の絆をつなぐ「我が家の味」であり、安心して食べることができた。それに引き替え、今は名も知らぬ会社が製造した加工食品、調理済み食品を食べることが多いのだから、残留農薬は残っていないか、食品添加物が使われているのではないか、遺伝子組換え農産物ではないのかと心配しなくてはならない。今日、大きな社会問題になっている食品不安もここから発生したと言ってよい。

七　家族が一緒に食事をする大切さ

親子で暮らす世帯を調査してみると、家族全員が揃って朝食を摂るのは週に平均二回である。三十年前は朝食を家族全員で食べる家庭が二十二％あったが、最近では十％もなくなった。夕食を毎日、家族揃って摂る家庭は九十％あったが、最近では三十％に減っている。父親は残業、母親は勤めやパートに出ていて、子供はクラブ活動や塾通いで忙しいから家族バラバラで食べることが多くなるのであろう。家族全員が毎日揃って夕食を摂る割合は東京では三十％であるが、ニューヨークでは四十％、パリでは六十％である。東京が最も少ないのはなぜだろう。

最近では結婚をしない若者、配偶者を失った高齢者などの単身世帯が全国五千三百万世帯の三十％近く、千四百五十万世帯になっている。この人たちは一緒に食事をしてくれる家族がいないのであるから夕食を独りで食べていても不思議ではないが、夫婦暮らしの家庭でも十％が、子供がいる家庭でも十六％の人たちが夕食を一緒に食べていない。このように、家族が集まって食べることが少なくなると食卓での夫婦、親子の会話や触れ合いが薄れていくことを否めない。

小学生や中学生の十人に一人か二人は、朝は起きるのが遅い、食欲がない、食事の準備ができていない、登校前で時間がないなどの理由で、毎日は朝食を食べていない。母親が朝食を摂らないと、その乳幼児も三人に一人は朝食を与えられていない。驚くべきことに、子供十人のうち、四人が子供だけで朝食を摂っていて、さらにその一人は夕食も親と一緒に食事をしていない。両親ともに働いているからである。部活や塾通いに忙しい中学生は二人に一人が夕食を独りで食べるのが常態になっている。かつては家に帰らなければ食べるものがなかったが、今は外食店、ファーストフード店など好きなところで食べられる。家に帰ってもコンビニ弁当や持ち帰り総菜で勝手に済ますなど、食事は空腹を満たし、栄養さえ摂ればよいものと考えて一人で都合のよいときに手早く済ますことが増えている。食欲を満たし、好きなものを食べるには事欠かない便利な時代ではあるが、味気ないと思わないのであろうか。

これらのことから、現代社会における食事観が一昔前のそれとは大きく異なってきたことが窺える。食事は家庭で家族と一緒に行うものという従来の考え方から離れて、「私のペースで」、「私のスタイルで」食事を摂ろうとする人が増えていることは明らかである。外食店、便利な加工食品、調理済み食品などが完備されたことがそれを可能にしたと言える。個食やバラバラ食が増えるのは当然なのである。

少し前のことであるが、大晦日に貧しい母子三人が「一杯のかけそば」を分け合って啜っていたという話が涙なしには聞けないと日本中の話題になったことがある。敗戦直後の食糧難の時代には、家族が乏しい食料を分け合って暮らし、家族の中心は「食べること」にあった。世界のどの国でも食料の乏しい時代には家族は一緒に食事をしたのであり、親は空腹を我慢しても子供には腹一杯食べさせようとした。子供心にも親の有難さ、食べ物の大切さは身に沁みて分かるから、一緒に食事をすることが家族の連帯感を生みだしていたのである。敗戦後の食料不足がようやく解消し始めた昭和三十年代には、お茶の間のちゃぶ台を親子で囲み、一日の出来事を話し合いながら食事をしたものである。食事を子供と一緒に摂ることは食事の躾をするだけではなく、子供が生きていく社会的能力を育て、家族の心のふれあいを作るのである。食卓はその日のニュースや子供の学校での出来事などを語り合う貴重な場だったのである。

ところが、食事をするのが家族でバラバラになると、伝統的な家族という概念が変わってくる。「自分たちは家族だなと思えるのは一緒に食事をしているときだ」と考えている人は少なくなった。かつて、「食べさせる」という言葉は家族を養う、生活の面倒を見るということを意味していた。もし、家族が揃うにぎやかな食卓が消滅するとしたならば、それは家族という集団の消滅を意味するのではないか。この問題は突き詰めていくと、家族とは何かという大きな問題に発展することになる。

家族以外の仲間と一緒に食べる「共食」も大切である。邪馬台国の時代には部落の全員が集まって神様に酒と飯を供えて豊作を祈願し、供物のお下がりを皆で頂く神と人の共食が行われた。古代の貴族社会、中世の武家社会では一族、郎党を集めて宴会を行うことにより主従関係を確かめ、一族の結束を固めたものである。日本料理の発展の歴史を振り返ってみても、平安時代の大饗料理、中世武家社会の本膳料理、懐石料理、江戸町人社会の会席料理などどれをとってみても客をもてなす供応食として誕生したものである。現代でも結婚式や仏事、職場の旅行、慰安会、会社のOB会、同窓会、趣味の集まりなどには必ず会食がつきものである。「同じ釜の飯を食う」という言葉があるように、一緒に食事をすることでお互いの心が通い、仲間の結びつきと信頼感が育つのである。

戦前までは、季節ごとの年中行事や冠婚葬祭にはご馳走を作って、親類縁者や近所の人たちが集まって会食する習慣があった。また、農村には農作業の節目に行う生活行事が多く、田植えや稲刈りが無事に済むと、手伝ってくれた近隣の人を集めて日頃はめったに食べないご馳走で労をねぎらった。このような会食に参加することは村人の義務であり、儀礼でもあって、行事食を一緒に食べることにより村落共同体の一員になれたのである。人口の七十五％が農村から都会に移動してしまった現在では、このような会食は存在の意義を失って廃れてしまった。最近の都会では隣近所の住民が一緒に食事をすることはほとんどない。中世の面影を残すイタリアの街には、昔のコントラーダ（町内会）ごとに民族衣装を着て郷土料理を共にする集まりをいまだに継続しているところが多いという。ところが、筆者の住む新興住宅地では町内の新年懇親会を開いても集まる人は少ない。

ヒトは「料理をして、仲間と一緒に食べる動物」であるというように、仲間と一緒に食事をすることは人間だけが行う文化行為なのである。原始の時代、動物として弱い存在であった人間は仲間と協力しなければ食物を手に入れることが難しかった。だから、手に入れた食べ物は分け合って食べたのである。食物を公平に分配することで仲間の結束を維持し、食物を分かち与えることで愛情や友情を示して人間関係を調整しようとした。これが仲間と一緒に飲食する「共食」の始まりである。

ファミリー（家族）とは大鍋を囲んで食べる人を意味し、一緒にパンを食べる人をコンパニオン（仲間）と呼んだのである。コミュニケーションという語は神と一緒に食事をするコミュニオンに由来し、集まって討論することをシンポジウムと呼ぶのは、古代ギリシャでは人々が集まって酒を飲み、意見交換をしていたことに由来する。食物を仲間に分配して一緒に食べることは、社会集団を形成する基本行為だったのである。最近、家族や集団を離れて一人で食事をする個食、独りで食べる孤食、子供だけで食べる子食という食事形態がこれほどまでに増えたのは、人類の食の歴史でかつてなかったことであり、家族や集団の崩壊につながりかねない。

昭和六十四年、森田芳光監督が家族の崩壊を描いてヒットした映画「家族ゲーム」に衝撃的な食卓シーンがある。東京湾に臨む団地に暮らす夫婦と受験生の息子二人、それに松田優作が演じる家庭教師の若者が食卓に横一線に並んで食事をしているのである。さながらレオナルド・ダヴィンチの名画「最後の晩餐」のようなワンシーンであり、食卓に家族は揃っているが会話はなく、家族の心がバラバラであることを暗示している。

昔の農村社会とは違って、現代社会には学校、職場、施設、サークルなど、さまざまな共同体がある。人々は家庭を出てそれらの集団で一日を過ごすことが多いのだから、いつも家族と一緒に食事をするわけにもいかないだろう。家族のメンバーが自分の都合に合わせて個別に食事をする個食化現象がある程度まで進行するのは無理もない。しかし、個食化現象がこのままどんどん進行するならば、家庭はどのようになるのであろうか。例えどのような集団に所属するとしても、仲間と一緒に飲食することを拒否すれば人間関係に大きな歪みを与えかねない。それとも、「共食すること」に代わって今までになかったような集団帰属の媒介手段が生まれるのであろうか。

いくら所属する社会集団が多くなっても、家族という基本的な共同体から離れるわけにはいかない。しかし、家族は結婚によって成立した血縁集団に過ぎないのだから、一緒に食事をするという行為が消滅すれば社会ユニットとして機能しなくなりかねない。そうならないように、忙しい現代、あるいは近未来社会に適合できる食事の摂り方を考えてみなければならない時である。

補章　揺らぐ日本の酒文化：日本酒からビールへ

日本人が、ビールという西欧の酒に初めて出会ったのはペルリ提督が黒船艦隊を率いて浦賀沖に現れた時である。それからわずか百五十年余りのうちに、日本人は弥生時代から始まって二千年間飲み続けてきた日本酒を押しのけて外来のビールをもっとも好んで多く飲むようになり、さらに進んで西欧のビールの範疇を超える先駆的なビール商品、発泡酒や第三のビールを開発することに成功した。絶えず海外の食材や料理を取り入れ、それを日本の風土や国民性に合わせて変容させ「日本らしさ」を追求してきた日本の食文化の特性が遺憾なく発揮された結果であると言ってよい。

一　黒船艦隊と共に来航したビール

嘉永六年（一八五三）六月三日、アメリカのペルリ提督が開港と通商を求める大統領国書を携え、軍艦四隻を率いて浦賀に来航した。ペルリ艦隊は翌年、再度来航して幕府の回答を求めたので、幕府はやむなく二百十五年続いた鎖国令を廃して日米和親条約を結び、下田、箱館の二港を開港し下田にアメリカ領事の駐在を認めることになった。ペルリ提督と幕府との交渉が続いている間、艦隊は小柴漁港（現在の横浜市金沢区柴町）の沖合に停泊していたので、水兵たちが浜に上陸して洗濯をしたりビールを飲んだりしているのを地元の漁師たちが遠巻きにして眺めていたらしい。「お前たちも飲め」ともらったビールを漁師たちは怖がって誰も飲もうとしなかったが、次郎七という若者が勇気を出して飲み、「これは苦い」と言ったという話を地元の古老が伝えている。泡が出るので石鹸と間違えてビールで手を洗った漁師もおり、浜に残されたビール壜を珍しがって持ち帰り神棚に飾るものもいたという。おそらく、彼らがビールを飲んだ日本の庶民の最初であろう。

それから六年後の万延元年、幕府は日米修好通商条約の批准書交換のために遣米使節団をアメリカに派遣した。使節団一行七十七名はアメリカ軍艦ポーハタン号に乗り組みサンフランシスコに向かったのであるが、航海中にワシントンの誕生日を祝うパーティーがあり、その席で随員の一人、仙台藩士玉虫左太夫は初めてビールを飲み「酒一壺あり、ビールと云ふ、一喫す。苦味なれども口を湿すに足る」と日記に記している。

幕末の啓蒙思想家として有名な福沢諭吉はこの使節団に随伴して太平洋を渡った咸臨丸に海軍奉行の従者として乗り組み、翌年の文久元年には幕府の遣欧使節団に通訳として加わってヨーロッパ諸国を歴訪した。帰国後に著した「西洋衣食住」の中で「ビイールと云ふ酒あり。是は麦酒にて、其味至て苦けれど胸郭を開く為に妙なり。亦人々の性分に由り其苦き味を賞翫して飲む人も多し」と述べている。ビールを初めて飲んだ感想は漁民にも武士にも共通していて、泡立つ酒で、味は苦いが、すっきりと爽快な飲み物というビールの特性を捉えているのが興味深い。

外国との通商条約が相次いで締結されて諸外国の商館が各地に開かれると、日本にやってくるイギリス商人やアメリカ商人が急速に増えた。これら居留地に住む外国人や入港する外国船の乗組員たちに輸入ビールが盛んに売れるのに目をつけて、横浜居留地内でビール醸造所を始める外国人が現れた。その中の一人が日本のビール産業史に名を残したノルウエー生まれのアメリカ人、ウイリアム・コープランドである。

図1　横浜山手のスプリング・ヴァレービール工場とW. コープランド（明治18年）

彼はドイツ人からビール醸造技術を習得して来日し、明治二年（一八六九）横浜山手町にビール醸造所を開設した。天沼という泉のそばに建てられたのでスプリング・ヴァレー・ブルワリーと名づけられたビール醸造所がそれである。醸造設備、麦芽、ホップ、酵母などはアメリカから取り寄せ、イギリス風のエールとドイツ式のラガービールを醸造したのである。これらのビールは居留地に駐屯している将兵や商人に人気があり「天沼ビヤザケ」の愛称で親しまれた。ビールの値段は輸入ビールの半値であったらしく、当初の醸造高は年産八百九十石（百六十キロリットル）であったらしいから、わが国最初の本格的な醸造所であったというべきであろう。

コープランドに続いて、日本人も次々とビール醸造に乗り出した。その第一号が明治五年に大阪の綿卸商、渋谷民三郎が始めた「渋谷ビール」である。アメリカ人醸造技師ヒクナツ・フルストの指導の下に、パン屋から入手した酵母を使って醸造し、樽詰めまたは壜詰めにして出荷した。イギリス風のエールであったがビールになじみの薄い大阪の町では売れ行きが悪く、造幣局の外人技師や神戸港に入港する外国船などに売れるだけであった。同じ頃、甲府の酒造家、野口正章はコープランドの醸造所で働いていた村田吉五郎を杜氏に招いて醸造を始め、明治七年に「野口ビール」を発売し、東京、横浜に出荷していた。製造量は年間三十六キロリットル程度であった。

札幌には北海道開拓使直営の札幌麦酒醸造所が明治九年に開設された。技師長になった中川清兵衛は横浜のドイツ商館で働くうちにビールに興味を持ち、ドイツに渡航してベルリンのビール工場で修業して帰国したばかりであった。従業員二十四名で操業する小さな工場であり、生産量は四年後に五十四キロリットルになった。

その他にも、文明開化の波に乗ろうとする各地の企業家が次々とビール醸造所を開設し、明治二十年頃までにその数は百二十社を超えたが、生産高は全部で一万石（千八百キロリットル）を超える程度であった。これら小規模醸造所のビールは品質が悪かったので売れ行きが悪く、間もなく相次いで廃業することになった。世間ではビールはまだまだ珍しいものに過ぎず、一人当たりの消費量が年間でわずかに八十ミリリットルという時代であったから無理もないことであった。

しかしながら、明治二十年頃になると、大資本で経営する会社組織のビール会社が発足し、新鋭の醸造設備を備えた工場で本格的にドイツ風のラガービールの製造を始めた。明治十八年、コープランドの醸造所を継承したジャパンブルワリー株式会社（キリンビール株式会社の前身）、明治二十二年、東京恵比寿にビール工場を建設してエビスビールの製造を始めた日本麦酒醸造有限会社（サッポロビール株式会社の前身）、明治二十一年、北海道開拓使麦酒を継承した札幌麦酒株式会社、明治二十五年、大阪府吹田村でアサヒビールの製造を始めた大阪麦酒株式会社（アサヒビール株式会社の前身）などが順調に生産量を伸ばして、各社ともに二・

五万石（六千三百キロリットル）程度を製造するようになった。これら大手ビール会社四社の生産量を合わせると国内生産量の九割程度になったから、日本のビール市場の寡占状態はこの時に始まったと言ってよい。

当時のビール総生産量は約十五万石（二・七万キロリットル）であり、ドイツ、イギリス、アメリカでは年間、一千万キロリットルを生産していたのに比べればきわめて少ないが、一つのビール工場の生産能力はコープランドがビール醸造所を開業してから数えて四十年経たぬうちに西欧のビール工場並みの規模に追いついたと言える。西欧諸国でも二十世紀の初頭にはビール工場の年間生産量は、十五万キロリットルを超えるごく少数の大工場を別とすれば、どこでも一万キロリットル前後であった。

かくして、近代的なビール工場で生産ができる体制は整ったが、ビールの消費量は思うように伸びなかった。我が国には日本酒という神代以来の国酒があり、ビールはまだまだ物珍しく高価な外国酒に過ぎなかったからである。明治三十四年の酒税統計によれば、全国の造り酒屋は一万三千軒、醸造石数は四百六十三万石（八十三万キロリットル）であり、当時の人口一人当たりの日本酒の消費量は幕末の三倍、十八リットルになっている。しかし、ようやく国産化ができるようになったビールの製造量はわずかに四・五万キロリットルであった。焼酎は五万キロリットル、ワインは甘味葡萄酒を除けば三百四十四キロリットルと推定される。日本酒の醸造は当時の主要産業であり、日本酒に課せられた酒税、五千五百五十六万円は国税収入の三分の一を占めていた。

大正九年になると、ビール消費量は年間五十五万石（約十万キロリットル）に増えたが、一人当たりにすればビール大壜三本にも足りず、欧米であれば一日の飲用量に過ぎない。二千年の昔からビールを飲み続けてきた西欧諸国とは事情が異なり、我が国では欧米の先進技術を導入して最新のビール工場を建設することはできたが、ビールを飲む習慣は輸入できるものではないから時間をかけてビールの需要が成長するのを待たねばならなかった。

昭和十年前後の酒類生産量は、日本酒が七十三・六万キロリットル、ビール十九・七万キロリットル、焼酎九・六万キロリットル、みりん一・八万キロリットル、スピリッツ二・三万キロキロリットルで、合計百七万キロリットルであるから、日本酒が依然として全体の六十九%を占めている。ウイスキー、果実酒の生産量は見当たらないが、おそらく一千キロリットル以下であったに違いない。

それでも、ビール会社が懸命に販売に努めたのでビール需要は少しずつ増えて昭和十四年には戦前最高の生産量百七十三万石、(三十一万キロリットル)に達したのであるが、一人当たりにしてみればわずかに年間、大壜七本に過ぎなかった。欧米並みに一人当たり大壜で百本ぐらいを飲むようになるのは、第二次大戦後に起きたビールの大衆化を待たなければならなかった。

二　ビールが日本の生活になじむまで

壜ビールが大都会の小売酒店で買えるようになったのは明治二十年代の半ばになってからである。値段は輸入のイギリスビールが大壜三十銭、国産ビールは十七銭か十八銭であったが、一か月の収入が十五円前後の庶民の家庭では気安く飲めるものではなかった。明治二十年代になってもこのような状態であるから、それ以前はビールを飲む人は極めて限られていて、ビールを手に入れるのも容易ではなかった。明治三年、一ツ橋徳川家の殿様が東伏見宮殿下にビール五壜を手土産に持参して喜ばれたと日記に記されている。殿様が手土産にするほど当時のビールは珍しいものであった。

しかし、当時開業されたばかりの西洋料理屋に行けばビールを飲むことができた。明治四年頃、東京九段坂上にあった西洋料理屋南海亭の品書きによると、スープ、フライ、ビーフステーキにパンとコーヒーのついた西洋コース料理が十五銭八厘であるのに、ビールは大壜一本が二十一銭八厘もした。県庁の給仕の月給が五十銭、会社員の初任給が五円という時代であるからビールは庶民には高根の花であり、飲むことができたのは外国人と付き合う貿易商人、軍人、高級官吏などであった。庶民は牛鍋屋に出かけた。明治四年に刊行された「安愚楽鍋」に官吏が牛鍋を楽しんでいる挿絵があって、ビールは三十銭、日本酒は二銭三厘であると説明がある。中にはビールをコップ売りする店もあり、一杯五銭か十銭であった。当時のビールは日本酒に比べてずいぶん高価で、今日の高級ワイン並みの値段である。

日本の社会で一番早くビールが普及したのは軍隊であった。明治十八年、大阪鎮台に初めて酒保（売店）が開設されたが、そこで饅頭や日本酒、そしてビールが安く売られた。ビールなど見たこともなかった農村の青年は軍隊に入隊して初めてビールの味を覚えたのである。日露戦争で活躍した乃木将軍はドイツ留学中にビール好きになり、師団長になると部下の将校を集めて「ビール注げ」、「ビール飲め」と号令をかけて飲んでいたと伝えられている。日露戦争の凱旋軍を迎えて各地で開かれた祝賀園遊会には、将校ばかりでなく下士官、兵卒も招かれ、てんぷら、鮨、そばなどの模擬店で日本酒とビールが盛大に提供された。

明治二十年代になると輸入ビールは人気を失い、国産ビールの時代になった。ビールの普及に一役買ったのは鉄道である。明治三十二年には新橋と横浜の停車場に食堂が開設されて生ビールが売られるようになり、食堂車でもビールが飲めるようになった。都会では大手のビール会社が自社ビールの宣伝のためにビヤホールを開いた。明治二十八年に京都で第四回の内国勧業博覧会が開かれた折、大阪麦酒会社が今で言うビヤホールを特設したのが始めである。ついで、大阪の中之島公園、千日前、四ツ橋に常設のビヤホールが開かれた。東京では明治三十二年にエビスビールのビヤホールが新橋に開業したのが最初である。

当時、ビール大壜一本は二十銭から二十五銭であったが、ビヤホールではコップ一杯（二百五十ミリリットル）が五銭、あるいは十銭（五百ミリリットル入り）で手軽に飲むことができた。北沢楽天が描いた当時の風俗漫画には、田舎から東京見物にやってきた杢兵衛と田吾作がビヤホールでビールを注文し、ビールに泡が立っていること、味が苦いことに驚いている様子がユーモラスに描かれている。

この頃より盆の中元にビールを贈る風習が生まれたが、ビールは一ダース二円五十銭ぐらいだった。明治二十年頃にはビール大壜一本が三十銭であったが、米一キログラムの八倍であったから時価に換算すれば四千円ぐらいになる。米が一升三銭で、職人の日当が五十銭であった。明治の末になってもビールを飲む人は限られていて、それも来客があった時などに奮発して飲むものであったことがよく分かる。

大正三年に勃発した第一次世界大戦は日本の経済界にかつてない好景気をもたらした。東京の丸の内界隈には諸官庁や民間会社のビルディングが相次いで建設され、朝夕には通勤するサラリーマンの波が絶えなかった。サラリーマン社会の到来とともに活動写真館、ダンスホール、カフェ、ビヤホール、喫茶店などが出現した。カフェでは蓄音機から流れる流行歌を聞きながら、カツレツやハムサラダを食べ、ビールを飲んでエプロンをつけた女給さんと遊ぶことができた。東京にはこんなカフェが六千軒もできたという。

このようにして、ようやく庶民の生活になじみ始めたかとみえたビールであったが、昭和十二年に日中戦争が勃発すると事情は一変した。日中戦争が始まるとビールの大半は軍隊に納入され、民間への出荷は激減

図2　ビヤホールで驚く杢兵衛と田吾作（北沢楽天画、明治38年）

した。昭和十三年、南京に進駐した陸軍が大日本麦酒会社に出したビールの注文は、一度に九十万函（一函は大壜四ダース入り）という同社の国内全生産量に相当する数量であった。家庭用のビールの生産は制限され、昭和十七年からは配給制になり、一世帯、月に二本が配給されることになった。

こうして第二次大戦中に軍隊や軍需工場で飲まれたビール、そして家庭に配給されたビールは人々にビールの味を覚えさせる効果があった。それまでビールは都会のごく限られた人たちが飲んでいたのであるが、軍隊生活と配給制によってビールとは縁の薄かった農村、漁村の人たちもビールを飲む経験をしたことが戦後のビール大衆化の下地を作ったと言ってもよいだろう。

三　なぜ第二次大戦後にビールが大躍進したのか

第二次大戦の敗戦で日本は深刻な食料難に陥り、当時の人々の願望は「腹いっぱい白い飯を食べ、時には徹底して酔っぱらいたい」ということであった。しかし、朝鮮動乱が終わり高度経済成長が始まると、人々の所得が増えて食欲が満たされ、酒を楽しむ余裕が生まれた。今では一世帯当たりの酒類購入金額は年間約四万六千円であり、家庭外で飲む酒代を合わせても月に一万円程度であるから、酒代は家計費の二％ぐらいで済む。庶民が食べたいだけ食べ、飲みたいだけ酒を飲めるようになったのは日本の食文化史上、初めて実現した事態なのである。第二次大戦後に酒類の消費が急速に増加したのは、このように高度経済成長により家計に余裕が生まれ、酒を不自由なく飲めるようになったからである。殊に、ビールの躍進は目覚ましかった。

ビールの生産量は戦前には三十一万キロリットルに過ぎなかったが、戦後、食生活の欧米化に伴い生産量が急増して昭和三十四年には日本酒の生産量六十八万キロリットルを追い越し、平成六年には七百十九万キロリットルを記録した。容量で比較するとビールは全酒類の七十三％を占めるようになり、国民一人当たり年間五十八リットル、五百ミリリットル缶で百十六缶を飲んだことになる。驚くべきことに、昭和三十年からの四十年間でビールの生産量は十八倍、一人当たりの消費量は十三倍に増加したのである。

これに対して民族の伝統酒である日本酒は昭和五十二年に戦前の二倍、百六十六万キロリットルまで生産量を増やしたが、その後は消費が低落し続けて現在では六十万キロリットル、全酒類の七％に過ぎなくなった。一人あたりにすれば、四百七十ミリリットル、江戸時代に比べると一割ほどにまで減少した。戦前は全酒類の七十％を占めていた日本酒に代わってビールが七十％になったのである。

そもそも、民族の食文化は保守性の強いもので、いつまでも地域の特色を維持するのが常である。ところが近年、日本の食文化は食のグローバル化の潮流に呑み込まれ、伝統の和食が少なくなり、洋風、中華風の料理が多くなっている。これと軌を一にして、外来のビールが民族固有の日本酒とかくも短期間で交代したということはかつて西欧先進諸国には見られなかった特異な現象なのである。地域に密着して文化的性格の強い民族酒に代わって、国際性があり文明的性格の強いビールが優勢になる現象は、近年急速に開発されている中国をはじめとする東南アジアや南米諸国でも起きている。これらビール後発国でも民族伝統の酒を差し置いてビールの消費だけが急激に増加しているのである。日本には日本の事情があったように、これらの発展途上国にはまた別の事情があるのであろうが、そこに共通しているものは物質文明の発展、国民所得の増加、生活の欧米化である。ビールはまさしく「近代物質文明の酒」であると言ってよいのである。

ビールが大躍進したのは日本人の食生活が洋風化したことと大いに関係がある。日本人の生活スタイルは

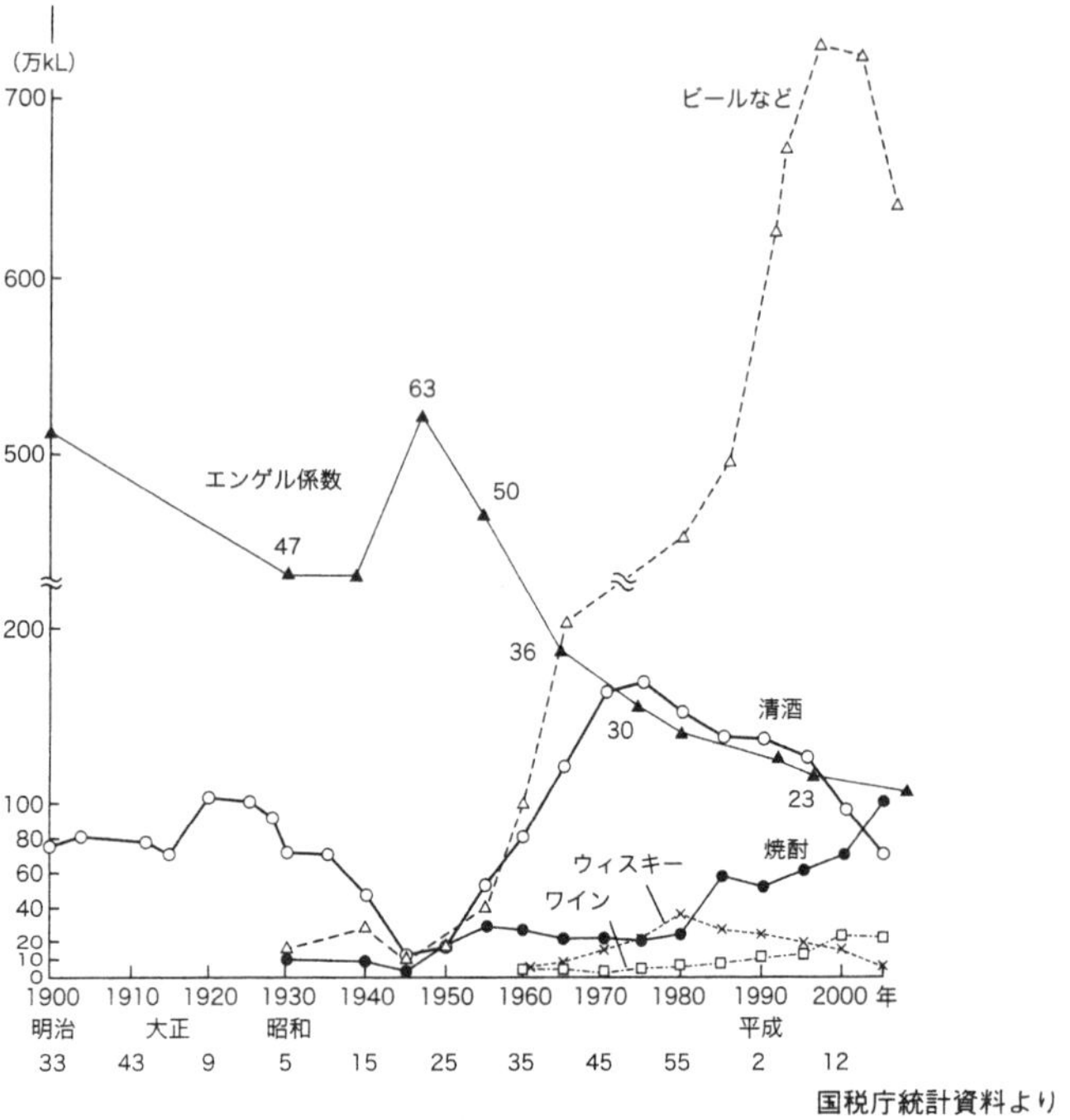

図３　近代 100 年の酒類消費の変化

第二次大戦後に激変し、まず、食事の内容が欧米風に変わった。戦前の米飯に味噌汁と野菜の煮物、それに漬物という和風の食事を改めて、肉料理、油料理と乳製品を多く摂る欧米風の食生活に変わったのである。戦前の家庭ではカレーライス、コロッケとオムレツが珍しいものであったが、戦後はハムエッグ、ウインナソーセージ、ハンバーグ、エビフライ、トンカツ、焼き肉、餃子、しゅうまい、シチュー、グラタン、スパゲティーなどを日常的に食べるようになった。このような食事にはお燗をつけて飲む日本酒より冷やして飲むビールが似合うのである。

ビールは家庭で飲まれることが多い酒である。ビール、発泡酒、第三のビールを一括してその八割は家庭で消費されている。ビールを家庭で飲むことが多くなり始めたのは昭和三十年代からであるが、当時は一家の主人だけが夕食時に晩酌として飲んでいた。ところが、昭和六十年代になると夫婦揃って飲むことも多くなり、食卓だけではなく、スポーツの後や風呂上り、あるいは夕食後にテレビを見ながらくつろいで飲むことが増えた。主婦や娘たちはビールより苦味が少なく、軽くて飲みやすい発泡酒や第三のビールを選ぶ傾向が強い。

主婦が職業に就くようになったこともビールの普及に関係がある。昭和四十年代の半ばまでは女性は結婚あるいは出産すると家庭に入って家事と子育てに専念するのが普通であった。ところが、この頃から結婚してもフルタイムの職業を続ける女性が多くなり、スーパーや外食店などでパート勤務をする主婦が増えた。当然のこととして、食事作りに手間をかけることは敬遠される。茹でた枝豆かクラッカーあるいは柿の種などを摘みながら手軽に楽しめるビールが歓迎されるのは当然である。男女同権の考え方が定着し、女性も酒に親しむようになったが、日本酒やウイスキーを飲むのには抵抗があり、ビールであれば気軽に飲めたのである。

ビールの価格が収入に比べて相対的に安くなったことも大きい。明治時代にはビールは珍しいものであったから大壜一本の値段は日本酒一升より高価であった。戦後、昭和三十年になってもビールは百二十五円で、日本酒は六百五十円であり、依然としてビールは日本酒に比べて割高であった。勤労者の平均月収は一万八千円、失業対策事業に雇われる日雇い労務者の日当は二百四十円であり、ニコヨン労務者と言われていた時代である。牛乳が十五円、もりそば二十円であったから、一本百二十五円の壜ビールはまだまだ贅沢なものだったのである。

しかし、昭和三十年から高度経済成長が始まり勤労者の月収は三十倍にも急増したが、ビールや日本酒の価格は大蔵省の監督下に置かれていたので現在でもその当時から三倍にも値上がりしていない。昭和三十年当時、ビール大壜の小売値は百二十五円、ラーメンは一杯五十円であったが、今ではビールは三百三十六円、ラーメンは六百円であり、壜ビール一本はラーメン一杯より安くなっている。ビールの価格は諸物価にくらべて安いものになり、誰でも気軽に飲めるようになった。現在、一世帯当たりのビール購入代金は年間で一万七千三百四十五円に過ぎない。

ビールの消費がその他の酒に比べて大きく伸びた今一つの原因は人々の健康志向である。アルコールは濃度三十%ぐらいで最も早く体内に吸収されるから、同じ量のアルコールを飲むにしてもウイスキー、ブランデーを飲むと血中アルコール濃度が急速に、しかも高く上昇する。蒸留酒など濃い酒を飲み過ぎると肝障害などの疾患やアルコール依存症などになりやすいことはよく知られている。日本ではウイスキーや焼酎はほとんど水割りにして飲まれているが、ビールはもともとアルコール度数が五%と少ないから安心して飲める。

四　ドライビール、発泡酒、第三のビールが登場

昭和五十年代からは、家族と外食するときに、風呂上りに、休日にテレビを見ながら、行楽地に出かけた時、スポーツジムやプールで、スポーツ観戦をしながら、音楽を聴きながら、ビールを楽しむ人が増えてきた。最近では、スポーツをした後に喉の渇きを癒すスポーツ飲料を飲むように、また、仕事の合間の気分転換に缶コーヒーや紅茶飲料を飲むような感覚でビールを飲むことも多い。アルコール濃度が少なく清涼感のあるビールはこのような目的で飲むのに適しているのである。このような目的で飲むビールには語り飽きても飲み飽きないほど重厚な「こく」は必要でない。爽快で軽く「きれ」のよいビール、誰にでも飲みやすい軽快で淡白なビールが好まれるのである。グラスに一、二杯を軽く飲んで気分転換をすればそれでよいのである。

ドライビールや発泡酒、そして第三のビールが爆発的にヒットしたのはこの理由によると考えてよい。

昭和六十二年にアサヒビール会社が発売した「スーパードライ」はこのように軽快で飲みやすいビールを求める消費者を捉えて大ヒットした。ドライビールはよく発酵させてビールに余分の糖を残さず、苦味を従来の六割程度にまで減らしたビールである。澱粉など副原料を多く使ったアメリカビールによく似ているが、さらによく発酵させているので、ビールに余分の糖が残らず、すっきりとして飲みやすい「きれ」がある。それまでのラガービールより「こく」が少なく重厚さには欠けるが、淡泊、軽快で飲みやすいのが特徴である。

酒に残っている糖分の多少によって、日本酒には甘口、辛口の区別があり、ワインではスイート、ドライの区別があるが、近年は日本酒もワインも糖が少ない辛口タイプに人気がある。ビールに含まれている糖分は日本酒やワインに比べれば僅かなものであるが、それでもドライビールは淡麗な辛口ビールと言ってよい。アメリカビールのように、清涼飲料を飲む感覚で飲める軽いビールが求められていた時期であったから、ドライビールは爆発的に売れ行きを伸ばして、今ではほとんどのビールがドライタイプに代わってしまった。

平成六年に初めて登場し、今やビールと消費量を折半するところまで需要を伸ばした発泡酒や新ジャンル発泡酒（第三のビール）の味は、ドライビールよりさらに淡く軽快である。

ここで発泡酒と新ジャンル発泡酒とはどういうものかを説明しておかねばならない。発泡酒や新ジャンル発泡酒が開発された動機は、欧米に比べて著しく高いビール税を回避してビールをより安価に提供したいということであった。ビールには一キロリットル当たり二十二万二千円のビール税が課税される。ビール三百五十ミリリットル缶であればビール税は七十七円になるから、スーパーでの小売価格二百十四円に対してビール税負担率は三十六％になる。アメリカでは五・七％、ドイツでは四・六％であるのに比べて著しく高い。それが発泡酒であれば酒税は四十七円、新ジャンル発泡酒なら二十八円で済むのである。このように高い税率でビール税を負担しているので、日本のビールの小売値段は消費税を含めると欧米の二倍ぐらいに高くなる。因みに、平成十七年のビール税の総額は約一兆三百四十九億円であり国税収入の二・一%を占める大きな財源である。

酒税法では、ビールの品質を保証するために、麦芽以外の副原料を使う場合は麦芽の半分以下、つまり全原料の三十三・三%以下にすることが定められている。副原料の使用制限は明治四十一年に定められたのであるが、当時の醸造技術ではそれ以上に多く副原料を使うと、麦芽の酵素力が不足して原料の糖化が十分に進まず品質の良いビールが作れなかったからである。従って、ビール会社では通常、麦芽七十%、副原料三十%ぐらいの配合でビールを醸造している。しかし、副原料をそれより多く使って麦芽を全原料の二十五%以下にすると酒税法では「発泡酒」として扱われ、酒税はビールより安く三百五十ミリリットル缶で四十七円になる。麦芽を全く使わない新ジャンル発泡酒ならば「その他の雑酒」として扱われ、酒税がさらに安く、一缶当たり二十八円で済む。

平成六年、麦芽の使用量をビールより減らした発泡酒が発売された。サントリー社の新製品、ホップスである。さらに、平成十五年には麦芽を全く使用しないで、澱粉とトウモロコシ、大豆やエンドウ豆のタンパクを酵素剤で分解したシロップを発酵させ、カラメルで着色した新しい発泡酒が現れた。サッポロビール会社が発売したドラフトワンがそれであり、第三のビールあるいは新ジャンル発泡酒と呼ばれた。これら発泡酒や第三のビールはビールに比べて酒税の負担が少ない分だけ小売価格をビールより安くできるのである。

発泡酒や第三のビールは麦芽の使用量が極端に少ないか、あるいは零であるので、麦芽から得られる味のふくらみが少なく、味はドライビールよりさらに淡白で軽くなっている。しかし、ホップなどそのほかの原料と発酵方法はビールと共通しているので、ほろ苦くさわやかな味で、琥珀色に輝き、白い泡が立つなど味も外観もビールそっくりである。

これらの新しいビール系飲料は軽快で飲みやすいドライビールに馴れた消費者に抵抗なく受け入れられ、ビールに比べて低価格で購入できるので主として家庭で飲まれている。一年に三百五十ミリリットル缶のビールを四百缶ぐらい飲んでいる平均的な消費者ならば、新ジャンル発泡酒に替えれば年間に四万円弱を節約できる。経済不況下の節約ムードの中では発泡酒や新ジャンル発泡酒が歓迎され、現在では従来のビールの消費量の半分がこれらの「新ビール」に代わってしまった。

これらの発泡酒は酒税法に定める「ビールの定義」に抵触するので「ビール」と商品に表示することは許されていないから、「発泡酒」あるいは「その他の醸造酒（発泡性）」または「リキュール」と表示して販売されている。しかし、世界のトップレベルにある日本のビール醸造技術で開発されたので、味や外観はビールに非常によく似ている。酒販店やスーパーのビール売り場にこれらの製品がビールと区別することなく一緒に置かれているのを見ると、発泡酒と第三のビールは今や、「ビール」としての市民権を獲得していると言ってよい。

これらの発泡酒はビール税を節約しようという動機から生まれたが、結果としては「ビールは麦芽から作る」というビール誕生以来五千年の伝統を超えた先駆的なビールになったと言ってもよく、日本の優れたビール醸造技術が生み出した画期的な「新ビール」であり、世界のどこにもいまだに類を見ない。

五　今後は、どのように「酒」を飲めばよいのか

平成十九年度の酒類の全消費量は九百二十七万キロリットルであり、そのうち、ビールとビール系飲料が合わせて六百三十三万キロリットル（六十八%）、焼酎が甲類、乙類を合わせて百三万キロリットル（十一%）、日本酒が六十八万キロリットル（七%）、ワインが二十五万キロリットル（二・七%）、ウイスキーが七万キロリットル（〇・八%）、その他の酎ハイ、カクテルなどが十%である。

近年、飲酒の場面は食卓を離れてますます多様化し、入浴後にテレビを見ながら、スポーツで汗をかいた後に、趣味の集まりで、行楽の際になど、TPOに応じて手軽に飲むために軽快で飲みやすいビール、発泡酒や酎ハイ、カクテルなどが選ばれることが多い。缶入りの酎ハイ、果汁入りカクテル、ハイボールなどアルコール度が三〜五%のRTD（すぐ飲める）商品の消費は全酒類の八%にも増加した。これらの酒飲料は酔うために飲まれるのではなく、清涼飲料やコーヒー、お茶のように気分転換のために飲むポーズドリンクあるいは楽しい雰囲気をつくるムードドリンクとして飲まれている。ノンアルコールビール、ノンアルコールカクテル、ノンアルコール酎ハイなど擬似酒飲料が人気を集め、スーパーの酒類売り場に並んでいるのはその証拠である。

今一つ、指摘しておかねばならぬことは若者の酒離れである。飲酒習慣のある若者は最近の十五年で男女ともに大きく減少し、全体の十一%に減った。総務省の家計調査を見ても二十歳代の酒類購入金額は三十歳代の半分、六十歳代の三分の一に過ぎない。その理由としてはスポーツやレジャーなど若者のストレス解消

の楽しみが多様化したこともあるが、それにもまして大きい理由はケータイやメールの普及で若者の人間関係が広く、浅くなり、会社の上司や同僚と一緒に飲む必要性が減少したからであろう。居酒屋、カラオケ、パブレストランなどでの若者の飲み会は仲間と情報の共有を確認するためのもので、酔うことでもなく、食事を楽しむためでもない。一緒に酒を飲まなくても、メールによって仲間と即座に情報交換ができ、ネットゲームによって現実逃避ができるのである。二十歳代の若者は午後十時頃に、ネットやメールをしながらアルコール含量が少ない缶入りの酎ハイやカクテルをジュース感覚で飲むらしい。ワイン好きで知られるフランスでもワインの消費量は最近の五十年間に半減し、特に若者のワイン離れが激しいそうである。

欧米先進諸国では酒類の総消費量が近年少しずつ減少している。日本でも国民一人当たりの酒類消費量をアルコールに換算してみると、平成二年には九リットルであったのに、現在では七・五リットルに減っている。フランスの十二リットル、ドイツの十リットルなどに比べれば少ないが、日本人はアルコール分解酵素が欠如しているか、あるいは弱い人が四十％いることを考慮すれば、これで十分に足りているのである。酒類の総消費量はすでに飽和していて、ビールも発泡酒を含めて最近の二十年で十五％も減少している。高齢化社会になり、飲酒が健康に悪影響を及ぼすことを懸念して多量に飲むことを控えるようになったからである。

北欧諸国では強い蒸留酒を多量に飲む習慣があったので、健康障害を減らすため広告規制が半世紀も前から行われている。世界保健機構は一昨年、アルコール規制の指針を採択し、酒類の広告制限や課税強化による購入抑制を各国に要請している。喫煙による発がんリスクはすでに立証されているが、アルコールやコーヒーも通常の摂取量でリスクがあることを否定できない。日本人の適量飲酒量は一日にアルコール換算二十グラムであるが、最近の調査では飲酒習慣のある男性の八十五％はこの適量か、多くてもその二倍までに飲酒を自制している。いつでも好きなだけ飲めるのだから、泥酔するまで飲まずに節度のある飲酒を心がけているのである。

最後に、この半世紀、日本の伝統的な食文化、酒文化はかつて経験したことのないほどに激しく変化したことを強調しておきたい。食生活はすっかり洋風化して、あまりにも豊かになり、便利になり、人任せになり過ぎて、今後どのようになるのか予想しにくい。それに伴い、飲む酒も日本酒、ビール、ワイン、ウイスキー、焼酎、低アルコール飲料などと種類が増え、飲酒の目的と場面は多様になった。仲間と一緒に食事をすることや飲むことはかつての大きい社会的役割を失いつつある。私たちはこの激しい変化に戸惑いながら、今後の食事の摂り方、酒の飲み方、楽しみ方を模索することになるのであろう。

おわりに　日本食の伝統とは何であったのか

最後に、「日本の食の伝統」とは何かということを復習してみたい。

日本食の基本は米飯を食べることであると考えてよいが、米作り、稲作は中国大陸から伝えられたのであり、誰もが米飯を常食できるようになったのは明治以降のことである。千二百年間も肉食を禁忌してきたことも日本食の大きな特徴であるが、これは朝鮮を経由して伝来してきた仏教の殺生戒律を守るためであった。

そこで改めて日本食の歴史をさかのぼっていくと、日本の食文化のルーツが中国大陸にあることに気がつく。日本人は古代から隣国の中国や朝鮮と積極的に交流して、その先進文化を受け入れて民族独自の文化を築いてきたのであり、食の文化においても例外ではない。稲、麦、野菜、果物などの農作物、農耕に使う牛馬と農耕具、竈、食器、箸、石臼、擂り鉢などの炊事道具、日本料理に欠かせない酒、酢、味噌、醤油、味醂などどれをとってもすべて中国、朝鮮から移入したものである。

しかし、それらをそのまま受け入れるのではなく、取捨選択して日本の風土と国民性に合うように発展させてきた。古代の素朴な食べものが「料理」に変身したのは、鎌倉時代に中国より伝来した精進料理の料理法を取り入れたからであるが、それをさらに発展させて本膳料理、懐石料理、会席料理という洗練された日本料理を築き上げた。日本料理に欠かせない日本酒、酢、味噌、醤油なども源流は中国にあるが、すぐに日本独特の姿に変えてしまった。南蛮人に教えられたカステラ、コンペイトウ、アルヘイトウなどの菓子は今や元祖のスペイン、ポルトガルにはそれらしいものが見当たらない。明治になって入ってきた西洋料理は牛鍋、カレーライス、コロッケ、トンカツに姿を変えて日本食になった。うどんやそうめんは中国から伝来したが、そばやラーメン、カップヌードルは日本生まれである。二千年も飲み続けてきた日本酒に代わって、ビールや発泡酒が多量に飲まれるようになった。

古来、世界のどの地域においても民族の食文化は保守的なものであり、その地域の特殊性を容易には失わない。日本のように、外国の食文化を積極的に受け入れて民族伝統の食文化が劇的に変化したところは珍しいのである。その背景には、わが国が島国であって大陸や南方諸島との海上交通に恵まれていたこと、そして異民族の侵略を受けることなく単一民族で暮らすことができたという地政学的な要因があったからではなかろうか。そのために、古代、中世には中国、朝鮮から、近現代においては欧米諸国から受け入れた食文化が、ガラパゴス諸島の生物のように我が国の風土や国民性に合わせて特異的な進化、成熟を遂げたのだと言える。このことはわが国の伝統文化の特質というべきものであり、美術、音楽、芸能にも共通していることなのである。そして、次々と外来の食文化を積極的に受容しながらも、絶えず日本らしさを追求することを忘れずに継承してきたのであった。

このように、日本の食文化には外来の食文化によって劇的に進化、変容する民族的能力が備わっていたがために、第二次大戦後、欧米先進国では決して見られなかったほどの大きな食生活の変化が起きたのだと言える。しかも、その変化があまりにも激しく過剰に進み過ぎて、日本食の伝統文化を根幹から変貌させただけでなく、生きるための栄養を摂り、家族や仲間の絆をつなぐという「食することの根元的なあり方」をも逸脱しかけているのである。

私たちはすでに栄養豊かな食事を十分に摂ることができている。忙しい現代生活では便利な加工食品や外食を利用して食事を済ませることは当然の社会現象であろう。和食メニューが減ったのは食文化がボーダーレスになった結果だと受け止めるより他はない。しかし、考えるべきことは、「近い将来に地球規模の食料危機が訪れたら日本人はどうするのか」、「節度のない飽食を自粛しないと肥満や生活習慣病が蔓延する」「バラバラ食や個食がこれ以上に増えれば家族という絆が失われるのではないか」という深刻な社会問題である。地域で生産できる農産物を活用する地産地消を推進し、体と心のどちらにもやさしい食事を、家族や仲間と一緒に楽しむことを子供たちに教える「食育」が、国民運動として実施されているのはこの事情による。

改めて、「国内の農業、漁業、畜産業を再生して国民の食料を少しでも多く確保し」、「行き過ぎたグルメ飽食を自粛して、健康に良い伝統食を活用し」、「家族や友人と仲良く食べる」という日本の食の原点に回帰しなければならないと思う。

最後になりましたが、本書を出版していただいた株式会社雄山閣と、同社の生活文化史選書シリーズに加えるようご尽力して下さった編集部の八木崇氏に厚く感謝いたします。また、資料として利用させていただいた日本食文化に関する多くの著作を巻末に列挙して、先学のご業績に深い敬意と謝意を表します。

平成二十五年　梅雨晴れの日　　　著者

参考資料

安達巌『たべもの伝来史』柴田書店、一九七〇年
稲垣真美『日本のビール』中公新書、一九七八年
加藤秀俊『食の社会学』文芸春秋、一九七八年
麒麟麦酒㈱社史編纂委員会編『ビールと日本人』麒麟麦酒㈱発行、一九八三年
田村真八郎・石毛直道編『食の文化フォーラム　日本の風土と食』ドメス出版、一九八四年
石川寛子・市毛弘子・江原絢子『食生活と文化』弘学出版、一九八八年
大野富美江『日本料理』女子栄養大学社会通信教育部、一九八八年
熊倉功夫・石毛直道編『食の文化フォーラム　外来の食の文化』ドメス出版、一九八八年
原田信男『江戸の料理史』中公新書、一九八九年
安達巌『日本型食生活の歴史』新泉社、一九九三年
田村真八郎・石毛直道編『食の文化フォーラム　国際化時代の食』ドメス出版、一九九四年
吉川誠次編著『食文化論』建帛社、一九九五年
柳田友道『食をとりまく環境』学会出版センター、一九九六年
佐原真『食の考古学』東京大学出版会、一九九六年
熊倉功夫・石毛直道編『食の文化フォーラム　日本の食一〇〇年〈のむ〉』ドメス出版、一九九六年
田村真八郎・石毛直道編『食の文化フォーラム　日本の食一〇〇年〈たべる〉』ドメス出版、一九九八年

岡田哲編『食の文化を知る事典』東京堂出版、一九九八年
永山久夫『日本古代食事典』東洋書林、一九九八年
廣野卓『食の万葉集』中公新書、一九九八年
青葉高『日本の野菜』八坂書房、二〇〇〇年
青葉高『野菜の日本史』八坂書房、二〇〇〇年
青葉高『野菜の博物誌』八坂書房、二〇〇〇年
江原絢子・石川尚子編著『日本の食文化』アイ・ケイコーポレーション、二〇〇〇年
河合利光編著『比較食文化論』建帛社、二〇〇〇年
日本生活学会編『食の一〇〇年』ドメス出版、二〇〇一年
酒井信雄『日本人のひるめし』中公新書、二〇〇一年
石川寛子・江原絢子編著『近現代の食文化』アイ・ケイコーポレーション、二〇〇二年
東京農大生活科学研究所編『インターネットが教える日本人の食卓』東京農大出版会、二〇〇二年
小泉武夫『食と日本人の知恵』岩波現代文庫、二〇〇二年
永山久夫『日本人は何を食べてきたのか』青春新書、二〇〇三年
鷲田清一編著『「食」は病んでいるか』ウエッジ選書、二〇〇三年
江後迪子『南蛮から来た食文化』弦書房、二〇〇四年
石毛直道『食卓の文化誌』岩波現代文庫、二〇〇四年
原田信男『日本の食文化』放送大学教育振興会、二〇〇四年

原田信男編『江戸の料理と食生活』小学館、二〇〇四年
森永卓士・南直人編『新・食文化入門』弘文堂、二〇〇四年
西江雅之『「食」の課外授業』平凡社新書、二〇〇五年
原田信男『和食と日本文化』小学館、二〇〇五年
原田信男『コメを選んだ日本の歴史』文春新書、二〇〇六年
日本フードスペシャリスト協会編『フードコーディネート論』建帛社、二〇〇六年
日本フードスペシャリスト協会編『フードスペシャリスト論』建帛社、二〇〇七年
熊倉功夫『日本料理の歴史』吉川弘文館、二〇〇七年
渡辺実『日本食生活史』吉川弘文館、二〇〇七年
大豆生田稔『お米と食の近代史』吉川弘文館、二〇〇七年
服部幸応・青木直己・大久保洋子『大江戸グルメ考』ＮＨＫ教育テレビテキスト、二〇〇八年七月
原田信男『食べるって何？』ちくまプリマー新書、二〇〇八年
江原絢子・石川尚子・東四柳祥子『日本食物史』吉川弘文館、二〇〇九年
石毛直道『食の文化を語る』ドメス出版、二〇〇九年
加藤直美『コンビニ食と脳科学』祥伝社新書、二〇〇九年
共同通信社編『進化する日本の食』ＰＨＰ新書、二〇〇九年
宮崎正勝『知っておきたい「食」の日本史』角川文庫、二〇〇九年
原田信男『江戸の食生活』岩波現代文庫、二〇〇九年

石川日出志『農耕社会の成立』岩波新書、二〇一〇年
玉村豊男『食卓は学校である』集英社新書、二〇一〇年
山田順子『江戸グルメ誕生』講談社、二〇一〇年
北岡正三郎『物語　食の文化』中公新書、二〇一一年
永山久夫『江戸めしのススメ』メディアファクトリー新書、二〇一一年
丸山勲『江戸の卵は一個四〇〇円』光文社新書、二〇一一年
岡田哲『明治洋食事始め』講談社学術文庫、二〇一二年
西東秋男編『平成食文化史年表』筑波書房、二〇一二年
永山久夫『なぜ和食は世界一なのか』朝日新書、二〇一二年
廣野卓『卑弥呼は何を食べていたか』新潮新書、二〇一二年
杉晴夫『栄養学を拓いた巨人たち』ブルーバックス、講談社、二〇一三年
畑中三応子『ファッションフード、あります』紀伊國屋書店、二〇一三年

著者紹介

橋本直樹（はしもと　なおき）

＜著者略歴＞

京都大学農学部農芸化学科卒業、農学博士。技術士。
キリンビール（株）開発科学研究所長、ビール工場長を歴任して常務取締役で退任。（株）紀文食品顧問、京都大学、東京農業大学非常勤講師を経て、2010年まで帝京平成大学教授（栄養学、食文化学）。
食の社会学研究会代表。

＜主要著書＞

『ビールのはなし　おいしさの科学』技報堂出版、『ビール・イノベーション』朝日新書、『見直せ　日本の食料環境』養賢堂、『食品不安』生活人新書、『日本人の食育』技報堂出版、『大人の食育百話』筑波書房ほか

2013年 11 月25日　初版発行　　《検印省略》

◇生活文化史選書◇

日本食《にほんしょく》の伝統文化《でんとうぶんか》とは何《なに》か
― 明日《あす》の日本食《にほんしょく》を語《かた》るために ―

著　者　橋本直樹
発行者　宮田哲男
発行所　株式会社 雄山閣
〒102-0071　東京都千代田区富士見 2-6-9
TEL　03-3262-3231 / FAX　03-3262-6938
URL　http: //www.yuzankaku.co.jp
e-mail　info@yuzankaku.co.jp
振　替：00130-5-1685
印刷所　株式会社ティーケー出版印刷
製本所　協栄製本株式会社

ISBN978-4-639-02292-3 C0339
N.D.C.383　177p　21cm